O CONCERTO DE GIGLI

# Tom Murphy

# O CONCERTO DE GIGLI

*Organização e introdução*
**Beatriz Kopschitz Bastos**

*Tradução*
**Domingos Nunez**

**ILUMI//URAS**

*Título original*
The Gigli Concert

*Copyright © 2019*
Tom Murphy

*Copyright © desta edição e tradução*
Editora Iluminuras Ltda.

*Capa e projeto gráfico*
Eder Cardoso / Iluminuras

*Imagem de capa*
Samuel Leon. *Paradiso* (detalhe), acrílica sobre tela, 30x30cm

*Revisão*
Jane Pessoa
Ketlyn Mara Rosa

Direitos de qualquer natureza de *O concerto de Gigli*, de Tom Murphy, estão reservados ao autor. Nenhum uso desta peça, de qualquer natureza, em qualquer mídia, pode ser feito sem autorização prévia por escrito. Pedidos devem ser dirigidos a Alexandra Cann Representation, pelo e-mail: <alexandracann@.co.uk>.

CIP-BRASIL. CATALOGAÇÃO NA PUBLICAÇÃO
SINDICATO NACIONAL DOS EDITORES DE LIVROS, RJ
M96c

 Murphy, Tom, 1935-2018
  O concerto de Gigli / Tom Murphy ; organização e introdução Beatriz Kopschitz Bastos ; tradução Domingos Nunez. - 1. ed. - São Paulo : Iluminuras, 2019.
  152 p. ; 21 cm.

  Tradução de: The Gigli Concert
  ISBN 978-85-7321-621-9

  1. Teatro irlandês. I. Bastos, Beatriz Kopschitz. II. Nunez, Domingos. III. Título.

19-61355                    CDD: 828.99152
                            CDU: 82-2(417)

2019
Editora Iluminuras Ltda.
Rua Inácio Pereira da Rocha, 389
05432-011 - São Paulo - SP - Brasil
Tel./ Fax: 55 11 3031-6161
iluminuras@iluminuras.com.br
www.iluminuras.com.br

# SUMÁRIO

Introdução
*Beatriz Kopschitz Bastos,* 9

O CONCERTO DE GIGLI

CENA UM, 21
CENA DOIS, 49
CENA TRÊS, 51
CENA QUATRO, 63
CENA CINCO, 99
CENA SEIS, 113
CENA SETE, 115
CENA OITO, 131

Cronologia da obra de Tom Murphy, 147

Sobre a organizadora, 149

Sobre o tradutor, 151

# INTRODUÇÃO
Beatriz Kopschitz Bastos

A coleção Tom Murphy, publicada em quatro volumes, é composta por *Um assovio no escuro* (1961); *O concerto de Gigli* (1983); *Bailegangaire* (1985); e *Trilogia de Alice* (2005) — em tradução de Domingos Nunez. O conjunto de peças traz ao leitor brasileiro a obra de Tom Murphy pela primeira vez em língua portuguesa — um projeto de publicação contemplado com apoio financeiro de Literature Ireland, uma organização na Irlanda para promoção da literatura irlandesa em âmbito internacional.

Tom Murphy é considerado um dos mais importantes dramaturgos irlandeses de todos os tempos, com uma obra formidável de mais de trinta peças originais e adaptações. Murphy nasceu em Tuam, no condado de Galway, no oeste da Irlanda, em 1935, sendo o caçula de dez irmãos. Murphy e todos os seus irmãos emigraram, temporária ou definitivamente. Os dados da vida do dramaturgo, embora talvez conhecidos do público irlandês, são significativos, pois revelam o que constitui parte do material primário de sua obra: o oeste da Irlanda e a emigração, e as complexas relações entre essas duas realidades — a Irlanda e a diáspora irlandesa. Conforme afirmou Alexandra Poulain, a obra do dramaturgo é uma "história de viagem, odisseia insólita de heróis, da margem para a impermanência. História de retorno, [...] de desvio, de retorno sem permanência: errância" (2008, p. 7).

Em *The Theatre of Tom Murphy: Playwright Adventurer*, livro publicado em 2017, um ano antes do falecimento do dramaturgo, Nicholas Grene justifica a escolha do subtítulo apontando para o fato de que o próprio Murphy fazia distinção entre dois métodos de escrita dramatúrgica: um de "fórmula"; outro de "aventura" (2017, p. xiii). O método de Murphy era, com certeza, o segundo. Sua imaginação teatral aventureira, desprovida de fórmulas de criação, tem encantado plateias, leitores e críticos por décadas.

Além do livro recente de Grene, há poucas obras dedicadas ao teatro de Murphy. Em 1987, o jornalista e crítico irlandês Fintan O'Toole publicou o estudo pioneiro sobre a obra do autor, *The Politics of Magic*; em 2008, Alexandra Poulain publicou o volume *Homo famelicus: Le théâtre de Tom Murphy*; e, em 2010, Christopher Murray editou a coletânea de artigos *Alive in Time: The Enduring Drama of Tom Murphy*. Há muitos artigos acadêmicos sobre sua obra e, digno de destaque, um filme do cineasta irlandês Alan Gilsenan, dedicado à vida e à obra de Tom Murphy: a cinebiografia *Sing on Forever*, de 2003. O filme foi exibido como *Cante para sempre* na mostra *Vidas irlandesas: O cinema de Alan Gilsenan*, na Universidade Federal de Santa Catarina, Florianópolis, em 2015, e na segunda edição da mostra, na Cinemateca Brasileira, em São Paulo, em 2019.

Fintan O'Toole nos oferece uma leitura das peças de Murphy como uma narrativa do contexto sócio-histórico irlandês em que o autor produziu sua dramaturgia. Murphy escreveu "uma história interna da Irlanda" (O'Toole, 1987, p. 16) em que viveu, respondendo ao desespero da década de 1950, à modernização e às fantasias da década de 1960, à desilusão das décadas de 1970 e 1980, e ao retorno e colapso das ilusões dos anos do Tigre Celta. Isso, no entanto, não significa que Murphy seja um autor de interesse exclusivamente na Irlanda; ao contrário: "ao confrontar a Irlanda, Murphy foi capaz de confrontar o universo", destacou O'Toole (1987, p. 17). Também Christopher Murray comenta que "situar Tom Murphy hoje requer considerá-lo em dois contextos: a Irlanda e o mundo" (2010, p. 1). A partir dessas proposições — a capacidade universal da obra de Murphy e a ideia de situá-la em um mundo maior, além do contexto irlandês —, esta coleção de quatro peças de Murphy oferece ao leitor brasileiro uma amostra da obra do dramaturgo irlandês.

No palco, a plateia brasileira já teve oportunidade de conhecer a obra de Murphy com a peça *Balanganguéri, o lugar onde ninguém mais ri*, adaptada por Domingos Nunez como uma fusão das peças *Bailegangaire* e *A Thief of a Christmas*, e encenada, em 2011, pela Cia Ludens, companhia teatral brasileira dedicada ao teatro irlandês e suas conexões com o Brasil. A fusão das duas peças realizou, de maneira singular, uma perspectiva imaginada por Nicholas Grene, no fim dos anos 1990: "para o diretor com coragem e recursos para tentar, seria um tour de force teatral encenar as duas peças lado a lado, o elenco numeroso de *A Thief* com o trio de *Bailegangaire*" (1999, pp. 220-221).

Domingos Nunez e eu desenvolvemos um apreço especial pela obra de Tom Murphy durante os anos em que temos nos dedicado ao estudo, tradução e encenação de material irlandês, atuando como acadêmicos e como profissionais do teatro na Cia Ludens: ele, como diretor artístico; eu, como produtora. Selecionamos as peças a partir de um período que passei, como pesquisadora visitante, no Moore Institute for the Humanities and Social Studies e no O'Donoghue Centre for Drama, Theatre and Performance na National University of Ireland Galway, em 2017, com apoio da Moore Institute Visiting Research Fellowship, para estudar a obra de Murphy. A seleção observou três critérios: cronológico, regional e temático. Dentre as peças mais relevantes do autor, procuramos quatro distribuídas de maneira equilibrada no eixo temporal — da década de 1960 até os anos 2000. Duas estão situadas nos extremos do eixo — *Um assovio no escuro*, em 1961, e *Trilogia de Alice*, em 2005 — e duas no centro do eixo, na década de 1980 — *O concerto de Gigli* e *Bailegangaire*. O critério regional considerou o lugar da primeira produção das peças. *Assovio* e *Alice* foram produzidas pela primeira vez em Londres; *Gigli* e *Bailegangaire*, na Irlanda: no Abbey Theatre, o teatro nacional irlandês, em Dublin, e no Druid Theatre, em Galway, no oeste da Irlanda, respectivamente. Quanto à temática, embora essa seja sempre uma questão de grande complexidade na obra de Murphy, limitamo-nos a escolher duas peças de tema predominantemente, embora não exclusivamente, masculino — *Assovio* e *Gigli* — e duas de tema predominantemente feminino — *Bailegangaire* e *Alice*.

\*\*\*

*O concerto de Gigli* é considerada por muitos como a obra--prima de Tom Murphy. E talvez seja, dentre as peças do dramaturgo, uma das que, à primeira vista, mais se afaste das preocupações às vezes apontadas como centrais — ou como fonte do material primário — em sua obra: a Irlanda rural do oeste e a emigração. Encenada pela primeira vez no Abbey Theatre, em 1983, *Gigli* se passa em Dublin, em um "consultório", que é também a moradia de JPW King, um "dinamatologista", um psicanalista charlatão, vindo da Inglaterra. Curiosamente, a peça é dedicada a Ivor Browne, renomado psiquiatra irlandês.

*O concerto de Gigli* nos mostra alguns dias de relacionamento entre dois personagens centrais masculinos de meia-idade, ambos em crise: JPW King e o Homem Irlandês. Este, um homem de negócios bem-sucedido que, movido pela obsessão de cantar como Beniamino Gigli, o tenor italiano, procura King, a fim de se submeter a um tratamento para realizar seu desejo de cantar como o tenor. Uma terceira personagem feminina secundária, Mona, amante de King, compõe o elenco formado por Tom Hickey, Godfrey Quigley e Kate Flynn, na produção original. No desenrolar do drama, em uma surpreendente e magistral inversão, é King, afinal, quem canta como Gigli, em uma das mais belas — e mágicas — conclusões das peças de Murphy.

Se à primeira vista a peça não se enquadra nos parâmetros nacionais pós-coloniais irlandeses de emigração e exílio, houve críticos, como Richard Kearney, por exemplo, que sugeriram que, sim, uma alegoria nacional talvez pudesse ser identificada. É possível interpretar o relacionamento entre

JPW King e o Homem Irlandês como emblemático do velho conflito entre Inglaterra e Irlanda, e Mona — que na primeira produção tinha um sotaque da Irlanda do Norte — como a "a mulher vitimada pelo conflito de poder dominado pelos homens" (Grene, 2017, p. 149). O próprio Kearney, entretanto, reconhece que "uma das características mais conspícuas da obra de Murphy é sua capacidade de transcender, enquanto reflete o cenário local" (apud Grene, 2017, p. 149). Essa capacidade de transcendência se revela em *O concerto de Gigli* justamente por meio da música. "Eu tinha uma inveja insuportável dos cantores. Achava que [a música] era a única possibilidade na vida; era a única maneira possível de expressão", afirmou Murphy em entrevista a Michael Billington (apud Grene, 2002, p. 105). Certo traço autobiográfico pode, assim, ser reconhecido em *Gigli*: a íntima relação de desejo de Murphy com a música, sublimemente representada por Alan Gilsenan no filme já citado, *Sing on forever / Cante para sempre*, cujo título, na verdade, repete as linhas finais de *O concerto de Gigli*. Autobiografia à parte, o fato é que a obra de Murphy está imbuída da música como componente central do teatro, pois ele acreditava na superioridade da música sobre o drama. E em *Gigli*, "o canto está no coração do argumento da peça" (Poulain, 2008, p. 101). "É isto... é isto... cante para sempre...", são as últimas palavras de JPW King, após cantar, como mágica, a última ária de *Lucia di Lammermoor*, de Donizetti, "Tu che a Dio spiegasti l'ali" — e colapsar. Um grande final apocalíptico — como poucos outros no teatro moderno (O'Toole, 1987, p. 166).

Além da música, outra dimensão, que não só a do drama, rege *Gigli* — a do mito. *O concerto de Gigli* é frequentemente lida como uma versão do mito de Fausto. "Substitua JPW King por Fausto e o Homem Irlandês por Mefistófeles nessa interpretação do mito, e tem-se uma descrição precisa do que acontece no curso de *O concerto de Gigli*", propôs O'Toole, por exemplo (1987, p. 167). Já Nicholas Grene mostra que há uma inversão radical de papéis na versão do mito de Murphy: "Na relação de JPW e o Homem Irlandês, Murphy retrabalha radicalmente o pacto de Fausto. [...] Enquanto representam Fausto e Mefistófeles, [os dois homens] trocam de posição. Em uma versão distorcida do princípio da análise, é JPW quem assume a obsessão do Homem Irlandês" (2017, p. 142). De qualquer forma, além de referências a duas fontes do mito de Fausto — o *Fausto* de Goethe e *Dr. Fausto* de Marlowe — constarem nos escritos de Murphy, como nos explica Grene, há também pelo menos uma referência ao mito explícita na peça: a ária "Dai campi, dai prati", de *Mefistofele*, versão de Arrigo Boito para a peça de Goethe (Grene, 2017, p. 142).

Seria, assim, *O concerto de Gigli* uma peça de condenação? Ou de salvação? Apesar do pacto de Fausto — a condenação eterna, "cante para sempre" — apontar para a primeira hipótese, o universo do drama de Murphy e — por que não? — de sua música nos leva para a segunda. Para a salvação. Para a "afirmação triunfante da mágica do teatro" (Grene, 2017, p. 148).

Cabe ao leitor, agora, a apreciação da complexidade desta obra e de suas possíveis interpretações, humanas e míticas. Uma peça irlandesa, sim, mas universal em seu alcance.

# REFERÊNCIAS BIBLIOGRÁFICAS

GILSENAN, Alan. *Sing on Forever*. Documentário. Parzival Productions/BSE/RTÉ/Arts Council, 2003.

GRENE, Nicholas. *The Politics of Irish Theatre: Plays in Context from Boucicault to Friel*. Cambridge: Cambridge University Press, 1999.

_____ (Org.). *Talking about Tom Murphy*. Dublin: Carysfort Press, 2002.

_____. *The Theatre of Tom Murphy: Playwright Adventurer*. Londres: Bloomsbury, 2017.

MURRAY, Christopher (Org.). *Alive in Time. The Enduring Drama of Tom Murphy: New Essays*. Dublin: Carysfort Press, 2010.

O'TOOLE, Fintan. *The Politics of Magic: The Work and Times of Tom Murphy*. Dublin: Raven Arts Press, 1987.

POULAIN, Alexandra. *Homo famelicus: Le théâtre de Tom Murphy*. Caen: Presses Universitaires de Caen, 2008.

# O CONCERTO DE GIGLI

*Para Ivor Browne e Bennan Murphy*

PERSONAGENS

JPW King

Homem Irlandês

Mona

A ação se passa no consultório de JPW King, onde também ele mora.

NOTA

A ária "Tu che a Dio spiegasti l'ali", na página 126, é a gravação da Pearl com Gigli, baixo e coro; a mesma ária, na pp. 142, é uma gravação diferente da Pearl: Gigli, voz solo (sem baixo e coro). A história de "Ida" pelo Homem Irlandês, p. 90-93, é abarcada pela *Serenata*, de Toselli.[1] No trio de *Attila*[2] — "Tu sol quest anima" —, na p. 135, o solo de abertura da soprano deve estar associado à Mona, o solo do tenor com a ação de JPW e o solo do baixo, na sequência, deve ser cronometrado com a entrada do Homem Irlandês e associado à sua ação.

*O Concerto de Gigli* estreou no Abbey Theatre, Dublin, em 1983.

---

[1] Enrico Toselli, Conde de Montignoso (1883-1926), foi um ilustre compositor, nascido em Florença, Itália, que fez carreira como pianista de concertos e tocou tanto em seu país natal como em capitais de cidades europeias e na América do Norte. (Esta e as demais notas são do tradutor.)

[2] Ópera de 1846, em um prólogo e três atos, composta por Giuseppi Verdi (1813-1901), com libreto em italiano de Temistocle Solera (1815-1878), baseado na história *Attila*, rei dos hunos, do alemão Zacharias Werner (1768-1823).

# CENA UM

*A voz de Beniamino Gigli,[3] distorcida, paira no ar, esperando (para ser descoberta?), cantando "O Paradiso", e mistura-se com o ruído do tráfego que sobe da rua lá fora. E ela se perde, por fim. Uma luminária de mesa com uma cúpula vermelha, acesa, e um facho de luz amarela vindo do banheiro, fora. JPW surge do banheiro e vai para a escrivaninha. A aparência dele complementa a do seu ambiente lúgubre (ainda não claramente definido). Ele é inglês, classe média alta, e às vezes ameniza seu sotaque — raramente — com uma entonação irlandesa e algumas expressões idiomáticas irlandesas.*

*Ele está raspando o que restou de um pote de geleia com um pedaço de pão, então o engole — seu café da manhã — com uma quantidade cautelosa do que sobrou de uma garrafa de vodca. Ele interrompe essa atividade para fazer algum ajuste ilegal na caixa de conexão do telefone na parede; então com uma concentração intensa, dá batidinhas com a borda da mão para chamar um número de seu telefone. (Essas batidinhas são grampo telefônico ilegal: tudo isso é uma ação recorrente quando ele quer usar o telefone). A vulnerabilidade dele, esperando, prendendo a respiração.*

---

[3] Beniamino Gigli (1890-1957) foi um tenor italiano de fama internacional dotado de uma voz de grande e rara extensão.

**JPW** Eu... Estou bem... É?... Sim, geralmente ensolarado depois do... Sim, e frio... depois da geada... Não, eu ainda estou aqui... A mesma resposta, eu suponho? *(Veladamente)* Por favor... *(Ele assente solenemente com a cabeça à réplica dela)* ... Tchau... O quê?... Não, eu não vou te telefonar novamente... Eu prometo... Eu prometo... Tchau.

*Ele vai até a janela e abre a persiana. A luz da manhã dentro da sala define o conjunto. Um letreiro desbotado na janela voltado para a rua "JPW KING — DINAMATOLOGISTA". Ele permanece de pé olhando para fora, sobre os telhados da cidade.*

Cristo, como eu vou terminar o dia hoje?

*O consultório é lúgubre, bagunçado. Uma cama que se converte em sofá, uma escrivaninha — extremamente bagunçada — com um telefone, uma chaleira; um arquivo, roupas por toda parte, livros, gráficos empoeirados sobre uma parede e uma fotografia do "Steve"; outra parede e porta de vidro fosco, flores murchando em um vaso, uma velha bolsa de couro (mala)...*

*Um toque de uma campainha em uma porta externa. Um segundo e terceiro toques. JPW fica atento, desconfiado. Entra em ação: reajuste da caixa de conexão do telefone. A porta externa se abre e a silhueta do* HOMEM IRLANDÊS *aparece na sala adjacente, atrás da porta de vidro fosco.* HOMEM IRLANDÊS *bate à porta.*

CENA UM

JPW    Sim?

HOMEM IRLANDÊS  Sr. King?

JPW    Quem está aí?... Quem está aí?

HOMEM IRLANDÊS  Posso entrar?

JPW    Como?

HOMEM IRLANDÊS  Para falar.

JPW    Para quê?

HOMEM IRLANDÊS  (*abafadamente*) Para cantar.

JPW    O que você disse?... O que ele disse? Para quê?... Mas que inferno!

*As coisas do café da manhã dentro de gavetas, a cama — o melhor que ele consegue — reconvertida em sofá, tarde demais para se barbear, mas apanha os óculos de algum lugar para criar um efeito. Ele destranca a porta de vidro fosco que conduz à antessala.*

Sim?

HOMEM IRLANDÊS  Sr. King?

JPW    O quê?

# O CONCERTO DE GIGLI

**HOMEM IRLANDÊS** Posso entrar?

**JPW** O que você quer?

**HOMEM IRLANDÊS** Ah... (*Ele entra.*)

**JPW** Possivelmente existe algum engano, Sr... sr... (*Fora, um relógio de igreja dá a badalada de meia hora*) Meio-dia e meia?

**HOMEM IRLANDÊS** Onze.

**JPW** Eu tenho que mandar consertar a fechadura daquela porta (*Externa.*)

*O HOMEM IRLANDÊS, embora com a cabeça baixa, está observando a sala lúgubre. JPW avalia o HOMEM IRLANDÊS: a roupa respeitável e cara, sobretudo, lenço de seda, luvas, chapéu (o chapéu um pouco em desacordo: estilo americano dos anos 1930, 1940 — conforme usado por Gigli) e uma mão do HOMEM IRLANDÊS no bolso, discretamente brincando com alguma coisa — uma ação recorrente — que poderia ser uma arma.*

**HOMEM IRLANDÊS** Eu...

**JPW** Sim?

**HOMEM IRLANDÊS** ... Aconteceu de ver a sua placa enquanto eu estava passando.

CENA UM

JPW    Que placa?

HOMEM IRLANDÊS  Você é o...? (*Ele acena com a cabeça para o letreiro na janela*).

JPW    Dinamatologista.

HOMEM IRLANDÊS  JPW King.

JPW    Eu tenho as letras antes do meu nome.

HOMEM IRLANDÊS  Você estava abrindo a persiana.

JPW    Bem, na verdade, eu tenho a intenção de que essa placa seja... retirada?

HOMEM IRLANDÊS  Eu li alguma coisa sobre você.

JPW    Sobre mim?

HOMEM IRLANDÊS  Sua organização.

JPW    Alguma coisa boa?

HOMEM IRLANDÊS  Bem, isso foi alguns anos atrás. Nos jornais.

JPW    Pessoalmente, eu achei aquele artigo um pouco injusto. Hummm? (HOMEM IRLANDÊS *assente com a cabeça*) Quero dizer, não perco meu tempo, na medida em que estou... Você não veio por causa do...? (*Telefone.*)

25

O CONCERTO DE GIGLI

Você veio se consultar comigo? (HOMEM IRLANDÊS *examinando* JPW) Quero dizer...

**HOMEM IRLANDÊS**  Sim. (*Ou um aceno de cabeça ambíguo.*)

**JPW**  Bem, isso é diferente. Sim, você não gostaria de...? (*Sentar-se.*) Como quiser. Mas para que não haja nenhum mal-entendido, eu devo dizer de início que a dinamatologia não é um movimento com orientação militar. Autorrealização, sabe? Porque eu tive outro visitante, de capa de chuva, um cavalheiro de intelecto inquiridor, sem dúvida, sim, mas tinha interpretado mal o nosso propósito. Humm? (HOMEM IRLANDÊS *assente com a cabeça*) Eu sabia disso. Como o Steve diz, a mente é a essência de se estar vivo. Steve é o nosso fundador e líder. Pensador revolucionário.

**HOMEM IRLANDÊS**  Os jornais diziam...

**JPW**  Não perco meu tempo: queriam nos banir na Grã-Bretanha.

**HOMEM IRLANDÊS**  Sobre você dizer que qualquer coisa é possível.

**JPW**  É isso que eu estou explicando. A ênfase que eles colocam no cérebro. Mas o que é o cérebro? Matéria biológica, carne. A mente é a essência. Sim?

**HOMEM IRLANDÊS**  Eu não tenho muito tempo para filosofia.

CENA UM

**JPW** Homem ocupado, não somos todos nós?

**HOMEM IRLANDÊS** Não. Eu tenho todo o tempo do mundo... se eu quiser.

**JPW** Registrado. A sua noção simples da vida como substância é útil, eu ouso dizer, mas nós fomos além do nível macroscópico para dentro do mundo subatômico, e a substância é simplesmente... uma bobagem. Átomos, meu amigo. Átomos consistem em rodopios... Você pode chamá-los de partículas, mas nós os chamamos de rodopios... E rodopios não são feitos de... qualquer coisa. Mas o que os nossos rodopios estão fazendo neste momento? Em termos leigos, dançando um com o outro, e isso é uma terrível perda de energia. Então o que devemos fazer? Um processo de destratificação até chegarmos naquele estado que chamamos de Nihil, onde podemos começar a colocar nossos pequenos dançarinos para trabalhar de forma devida, e trabalhando devidamente, eles podem ir muito longe, de fato, para projetá-lo além das fronteiras que neste momento estão te limitando. Agora você tem uma pergunta.

**HOMEM IRLANDÊS** Quanto custa?

**JPW** Como?

**HOMEM IRLANDÊS** Seus honorários.

# O CONCERTO DE GIGLI

**JPW**    Honorários podem esperar. *A* prioridade, uma boa relação de confiança, uma troca mútua de energia entre o auditor — que sou eu — e o paciente. Ok?

**HOMEM IRLANDÊS**  Eu gostaria de saber qual a minha posição.

**JPW**    Dez *guineas* por sessão — isso para seis. Mas quinze pela primeira no caso de ela ser a única. Isso para falar francamente.

**HOMEM IRLANDÊS**  Não é tão ruim.

**JPW**    Você acha mesmo?

**HOMEM IRLANDÊS**  Está ótimo.

**JPW**    Bem, esse foi um bom começo. Bem, agora, poderíamos iniciar com o seu nome?

**HOMEM IRLANDÊS**  Melhor não.

**JPW**    Tudo bem!

**HOMEM IRLANDÊS**  Se você não se importar.

**JPW**    Seu nome! Pelo amor de Deus, Sr... sr..., para onde o trajeto ortodoxo os levou? Para dentro de suas próprias camisas de força não muito agradáveis. Meu estilo — como você deve ter notado — é casual.

CENA UM

**HOMEM IRLANDÊS** Eu não tenho muito tempo para psiquiatras... psicólogos.

**JPW** Opinião sincera? Filisteus intelectuais. Abordagens conflitantes, escolas contraditórias. E Freud! Agora está claro que tudo era sobre a relação sexual dele com a cunhada. Você leu sobre isso? Nos jornais.

**HOMEM IRLANDÊS** Minha esposa queria que eu fosse ver um psicólogo. Nosso médico queria que eu fosse ver um psiquiatra, eu disse a eles a mesma coisa.

**JPW** Que coisa?

**HOMEM IRLANDÊS** Que eu sei mais da vida do que todos eles juntos.

**JPW** Entendo. Então você me escolheu? (HOMEM IR-LANDÊS *examinando* JPW) Na verdade, estes cotocos vão virar uma barba.

**HOMEM IRLANDÊS** Você é um estrangeiro aqui, sr. King?

**JPW** Bem, eu estou aqui faz quase... cinco anos? Eu quero dizer...

**HOMEM IRLANDÊS** Mas você é um estrangeiro, você é inglês?

# O CONCERTO DE GIGLI

**JPW**   Sim, sim, mas com uma avó de Tipperary.[4] É de onde vem o meu sotaque. Que Deus a tenha.

**HOMEM IRLANDÊS**   Escola particular?

**JPW**   Sim.

**HOMEM IRLANDÊS**   Eu sou um homem que se fez sozinho.

**JPW**   Eu reparei que... Quero dizer, e não é que você está orgulhoso disso!

**HOMEM IRLANDÊS**   Mas nenhuma universidade?

**JPW**   Não, em vez disso eu parti o coração do meu pai. Mas isso é o suficiente sobre mim, o que você acha de mim? Brincadeira. Sim, bem, hora de se concentrar naquelas informações usuais. Nós não temos um nome, bom. Endereço? Nenhum endereço, totalmente em ordem aqui no meu caderno. Telefone... por precaução? Não. Ótimo. Idade?

**HOMEM IRLANDÊS**   Cinquenta e um.

**JPW**   Ah! Isso descarta algumas coisas, o quê? Sim, bem. Existem muitas pessoas do seu conhecimento morrendo neste momento?

**HOMEM IRLANDÊS**   *(levantando-se)* Eu acho que...

---

[4] Condado histórico na região sudoeste da República da Irlanda, na província de Munster.

CENA UM

JPW    Você está indo bem.

HOMEM IRLANDÊS Eu acho que podemos ter cometido um erro.

JPW            Perfeitamente bem...
HOMEM IRLANDÊS   Talvez eu venha em outra hora...
JPW              Você veio se consultar comigo...
HOMEM IRLANDÊS   Não, eu...
JPW              Pedir minha ajuda...
HOMEM IRLANDÊS   Eu não sei o que eu estou fazendo aqui...
JPW              É pra isso que eu estou aqui! Por favor...

HOMEM IRLANDÊS Eu não preciso de ajuda! (*A mão no bolso*) Eu tenho a resposta! Não posso falar com qualquer um! Eu não sou maluco!

JPW    Eu sou maluco! Aí está, você quase riu.

HOMEM IRLANDÊS Eu não ri.

JPW    Eu sou maluco.

HOMEM IRLANDÊS Isso é problema seu.

JPW    Estou brincando. Isso é o que meu pai costumava dizer, o garoto é um sonhador, ele costumava dizer, ele é louco. Crie raízes era a frase dele. Sente-se, meu amigo. Mamãe, claro, era outra história: o mundo interior, e um pouco de poesia. Como era sua mãe?

HOMEM IRLANDÊS *(anda em volta dele)* É por informação que você está buscando?!

JPW    Ou ande de um lado pro outro, se quiser, sim, mas, santo Deus, se não podemos, dois homens adultos, ajudar um ao outro. Eu quero dizer, você acha que saúde mental significa adequação à normalidade?

HOMEM IRLANDÊS  Eu não quero me adaptar à normalidade.

JPW    Exatamente. Onde está a conquista na atividade padronizada ou em trivialidades rotineiras? Trocar de carro, cultivar uma cenoura? Eu mesmo tenho que me policiar sobre isso, agora que criei raízes. Pelo amor de Deus, nós podíamos muito bem retroceder até Galileu Galilei, eu digo pra minha Helen.

HOMEM IRLANDÊS  Eu não chamaria construir mais de mil casas trivialidades rotineiras.

JPW    Ela teria me levado a sentir orgulho de morar em uma casa organizada.

HOMEM IRLANDÊS  Além de outros mil negócios.

JPW    Então você é um construtor, um incorporador?

HOMEM IRLANDÊS  Um "operador".

CENA UM

JPW  Entendi. E você chegou a uma estagnação, está buscando a vontade, o impulso para construir mais mil.

HOMEM IRLANDÊS  Eu não quero construir mais nada. Esta... Uma coisa... nuvem baixou sobre mim.

JPW  Isso aconteceu antes, existe um padrão?

HOMEM IRLANDÊS  Eu apenas senti que gostaria de uma explicação.

JPW  Registrado. Mas nenhum padrão?

HOMEM IRLANDÊS  Eu não ligo pra dor. Eu sempre pude... ainda posso... e eu tenho dores nas costas... misturar concreto, pá por pá, com qualquer operário, se uma máquina quebra. Mas esta outra coisa. Eu não entendo isso.

JPW  Nenhum padrão. Mais alguma coisa?

HOMEM IRLANDÊS  Não.

JPW  Quando você estava do outro lado da porta eu achei que você disse...

HOMEM IRLANDÊS  Não, nada mais! Quanto você disse que custava? (*Preparando-se para sair*).

JPW  Você quer apenas uma explicação...

HOMEM IRLANDÊS  Dez, quinze libras?...

# O CONCERTO DE GIGLI

**JPW** Você declarou aquilo como um fato.

**HOMEM IRLANDÊS** Existem fatos demais no mundo! Aquelas casas foram construídas a partir de fatos: corrupção, brutalidade, jogadas por trás, jogadas pela frente, punhalada nas costas, trabalhadores incompetentes e um pouco de tecnologia.

**JPW** Eu nunca pensei que você fosse o tipo.

**HOMEM IRLANDÊS** Ah! Não é que você é bom? Oh, lá fora, garoto, você aprende como aproveitar as oportunidades.

**JPW** Você não precisa me pagar agora. O seu problema é...

**HOMEM IRLANDÊS** Esqueça isso. Eu tenho aqui em algum lugar. Dez, onze... catorze...

**JPW** (*observando-o completar o valor com notas e moedas*) ...Não, *você* esqueça isso.

**HOMEM IRLANDÊS** (*percebe* JPW *ofendido; ri cruelmente*) O meu problema é... É, eu não pensei que você fosse assim um homem engraçado quando te vi de pé junto à janela. (*Coloca o dinheiro sobre a escrivaninha*) Quinze libras: fato.

**JPW** Obrigado. Eu te devo dez ou quinze minutos se você não tiver outro lugar pra ir, e eu acho que você não tem.

**HOMEM IRLANDÊS** Sobre o que você gostaria de falar? Você?

CENA UM

**JPW**  Qualquer coisa que você goste.

**HOMEM IRLANDÊS**  Você gosta do meu chapéu?... Eu cheguei a uma estagnação. Nunca fui bom em falar muito. Agora eu preferiria caminhar uma milha na outra direção do que dizer como vai ou foda-se para alguém. Pela manhã eu digo: Cristo como vou terminar o dia hoje? A casa é silenciosa, embora haja uma criança lá. Minha esposa está perplexa. Ela é tão... boa... Você sabe o que é uma segadeira?

**JPW**  Como uma foice.

**HOMEM IRLANDÊS**  É. Com um cabo longo e mais letal. Ontem à noite eu decidi que enfrentaria os ciganos.[5] Eu tinha tomado uns dois comprimidos para dormir, um pouco de vinho, mas eu sabia que estava para ter outra noite com minha... música. (*Riso curto, cruel.*)

**JPW**  Que comprimidos?

**HOMEM IRLANDÊS**  Mandrax.

**JPW**  Eles foram retirados do mercado.

**HOMEM IRLANDÊS**  (*ignora/despreza isso*) Então eu decidi que enfrentaria os ciganos. O lugar está parecendo uma latrina pra todo lado. Por que eles me escolheram, o

---

[5] "Itinerants", no original. Referência aos "Irish travellers", um grupo étnico tradicional de itinerantes que se assemelham aos ciganos por suas características nômades.

meu território? E eu sei quais são as casas que viraram latrinas. Então... *Saí.* Para matá-los. Mas alguém... a esposa... chamou a polícia, e eles me impediram. Caso contrário eu os teria matado. Nenhuma dúvida quanto a isso. Prisão... hospital não significam nada pra mim. Prisão... hospital têm um certo apelo. Então eu ouvi o disco pelo resto da noite.

JPW  A polícia?

HOMEM IRLANDÊS  (*ignora/despreza polícia*) Hoje de manhã, então, as conversas e os cochichos sobre psiquiatras... psicólogos e suas filosofias (*Fora, o relógio da igreja bate meio-dia*) O tempo acabou?

JPW  Não!

HOMEM IRLANDÊS  Meus... rompantes... estão me pegando de surpresa. Eu não sei aonde o próximo me levará.

JPW  Sim! Eu quero dizer, por um tempo, eu comecei a brincar com o trânsito. Quero dizer, uma coisa assustadora, deliberadamente. Como um toureador de pescoço rígido em ruas com trânsito extremamente perigoso! Eu devo ter sido um toureiro em uma vida passada.

HOMEM IRLANDÊS  Eu quero cantar.

JPW  Essa é uma forma de se colocar a situação.

CENA UM

**HOMEM IRLANDÊS** Eu quero cantar.

**JPW** Isso é o que eu pensei que você disse ali fora ainda há pouco.

**HOMEM IRLANDÊS** Como Gigli. Ele era um tenor.

**JPW** Por que não Caruso?[6]

**HOMEM IRLANDÊS** Como Gigli.

**JPW** Ah, nós não devemos mirar tão alto.

**HOMEM IRLANDÊS** (*rispidamente*) Eu li um ou dois fragmentos de coisas esnobes sobre Gigli.

**JPW** Registrado. Ele era emotivo, não era?

**HOMEM IRLANDÊS** Caruso é outra coisa.

**JPW** Registrado. Você quer cantar como Gigli, entre aspas.

**HOMEM IRLANDÊS** Nada de entre aspas.

**JPW** Retiro o entre aspas, quanto você bebe?

**HOMEM IRLANDÊS** Eu não entendo.

**JPW** Oh, eu entendo...

---

[6] Enrico Caruso (1873-1921), tenor italiano nascido e falecido em Nápoles, é considerado um dos maiores intérpretes de música erudita de todos os tempos.

O CONCERTO DE GIGLI

**HOMEM IRLANDÊS** Bebida não é um problema pra mim!

**JPW** Exatamente! Aumento da tolerância ao álcool. Com sua licença! Inabilidade para discutir o problema, declarações grandiloquentes e comportamento agressivo... perda de memória?... ressentimentos descabidos, deterioração física... perda de peso?... desejos espirituais vagos... quase terminando... inabilidade para iniciar uma ação... Suficiente? Álibis esgotados, derrota admitida? Desejo de recuperação... Quanto você bebe?

**HOMEM IRLANDÊS** Eu... bebo... muito... pouco, sr. King.

**JPW** Vinho e esses comprimidos para dormir, letais. As pessoas na América pulam das janelas nas asas do Mandrax. (HOMEM IRLANDÊS *abre a boca*) Perdoe-me... Eu aprecio um desafio, e esse é bem desafiador, mas... mas!... Se queremos atingir nosso objetivo, cantar, nós temos camadas suficientes para destratificar sem sermos atrapalhados por líquidos tóxicos, então todas as bebidas estão fora!... Quer tentar? Bom homem. Agora, conte-me tudo... exceto o seu nome. (HOMEM IRLANDÊS *brinca com o chapéu por um instante*) Sim, isso se torna você. Lugar, tempo, data de nascimento são sempre um bom ponto de partida.

**HOMEM IRLANDÊS** Eu nasci com uma voz e pouco além disso.

**JPW** Despidos viemos ao mundo.

CENA UM

**HOMEM IRLANDÊS** Nós éramos muito pobres.

**JPW** O que seu pai fazia?

**HOMEM IRLANDÊS** Era um sapateiro.

**JPW** Fazia ou consertava sapatos? Pode ser significativo.

**HOMEM IRLANDÊS** Ele começou fazendo sapatos, mas uma fábrica de calçados logo acabou com aquilo.

**JPW** Onde foi isso?

**HOMEM IRLANDÊS** Recanati.

**JPW** Recan...?

**HOMEM IRLANDÊS** ... Ati.

**JPW** Em que condado fica isso?

**HOMEM IRLANDÊS** Recanati fica na Itália.

**JPW** Nasceu na Itália?

**HOMEM IRLANDÊS** Meu cabelo era muito mais escuro alguns anos atrás. Cante uma música para nós, Benimillo, as pessoas costumavam dizer. Eu sabia todas as músicas pops e, como você sabe, todas as árias famosas são parte da nossa... nossa cultura.

39

O CONCERTO DE GIGLI

JPW     Consegui o seu primeiro nome.

HOMEM IRLANDÊS  Era um apelido carinhoso.

JPW     Benimillo.

HOMEM IRLANDÊS  Eu não era um grande menino soprano, mas era o melhor da redondeza. Eu li que meninos sopranos realmente bons tendem a se desenvolver mais tarde como baixos ou barítonos, então, não sendo aquele contratenor — ainda que bom —, eu tinha esse timbre também.

JPW     Como uma indicação de que o seu futuro seria como tenor. As nuvens estão começando a se dissipar, finalmente, Benimillo.

*Ele termina com a vodca da garrafa às costas do* HOMEM IRLANDÊS.

HOMEM IRLANDÊS  Eu cantei em um coral, claro. E nós cantávamos, oh, canto gregoriano e, oh, todo tipo de coisas como a música sacra de Rossini e Gounod.[7]

JPW     *A pega ladra*"[8]... Que horas são?

---

[7] Gioachino Rossini (1792-1868) foi um compositor erudito italiano muito popular em seu tempo. Charles Gounod (1818-1893) foi um compositor francês famoso, sobretudo por suas óperas e música religiosa.

[8] *La Gazza Ladra* é um melodrama ou ópera "semisséria" em dois atos, de Rossini, com libreto de Giovanni Gherardini (1778-1866), baseado em *Le pie Voleuse*, de J. M. T. Baudouin d'Aubigny (1786-1866) e Louis-Charles Caigniez (1762-1842). A obra foi encenada pela primeira vez em 13 de maio de 1817 no Teatro alla Scala, de Milão.

CENA UM

HOMEM IRLANDÊS  Meio-dia e quinze.

JPW  Bom! Bem, vamos ver o que temos agora.

HOMEM IRLANDÊS  E então, um dia, esses três rapazes vieram lá de Macerata, e tudo por minha causa.

JPW  O que eles queriam?

HOMEM IRLANDÊS  Eles queriam que eu me vestisse de mulher e cantasse o papel da soprano em uma opereta, "A Fuga de Angélica".[9]

JPW  Desconhecidos?

HOMEM IRLANDÊS  Não. Mas uma coisa dessas estava fora de cogitação, minha mãe disse.

JPW  Eu devo imaginar que sim.

HOMEM IRLANDÊS  Não. Mas ela disse que sentia muito que eles tivessem feito uma viagem longa daquelas para nada, mas que era culpa deles mesmos, e então ela os despachou.

JPW  Bom! Bem, vamos ver o que temos agora.

HOMEM IRLANDÊS  Mas eles não desistiriam tão facilmente.

[9] Foi com *La Fuga di Angélica* (1903), composta por Alessandro Billi, que Beniamino Gigli fez sua primeira aparição operística em 6 de maio de 1907, travestido, no papel da protagonista feminina.

O CONCERTO DE GIGLI

JPW     Eles voltaram.

HOMEM IRLANDÊS   Eles voltaram, implorando. Disseram que eu teria participação nos lucros. Bem, o meu pai disse — ele ainda estava vivo naquela época. Afinal de contas, ele disse, não há um grande prejuízo nisso. Não que minha mãe alguma vez tivesse dado muita atenção a ele. Ela sempre recorria ao Abramo, o meu irmão mais velho. Abramo era a figura efetiva de autoridade em nossa casa.

JPW     O que o Abramo disse?

HOMEM IRLANDÊS   Bem, minha mãe ficou um pouquinho surpresa porque, depois de pensar, o Abramo disse que pessoalmente não conseguia ver nada naquilo para se ficar de cara feia. (*Um pequeno sorriso de triunfo.*)

JPW     Muito interessante, verdadeiramente, Benimillo, mas eu acho que agora tenho dados suficientes sobre...

HOMEM IRLANDÊS   Não...

JPW     Por exemplo, eu interpretei a Yum-Yum, *O Mikado*,[10] sabe?, no colégio interno, e saí da experiência comparativamente ileso.

---

[10] *O Mikado*, ou *A idade de Titipu* (1885), é uma ópera cômica em dois atos com música de Arthur Seymour Sullivan (1842-1900) e libreto de W. S. Gilbert (1836-1911). O papel de Yum-Yum é cantado por uma soprano.

CENA UM

**HOMEM IRLANDÊS** As semanas seguintes foram cheias, cheias de entusiasmo. Viagens a Macerata, ensaios, e nós nos apresentamos não em uma salinha encardida, mas no teatro municipal. Alguém teve que me empurrar para o palco. Então, de repente, tudo ficou bem e eu perambulei pra lá e pra cá com minha sombrinha, cantando "Passigiando un anno fa". Eu mal conseguia acreditar nos meus ouvidos que todos aqueles gritos de "Bis! Bis!" eram realmente pra mim.

**JPW** Bis.

**HOMEM IRLANDÊS** Para dizer a mais pura verdade, eu me senti envergonhado, assim, de receber muito mais aplausos do que os outros.

**JPW** *Seu sotaque...* Você devia ser muito jovem quando veio para este país?

**HOMEM IRLANDÊS** Mas eu tinha enchido o auditório com minha voz, segurado o público. Eles entenderam. E, pensei, posso fazer isso novamente. Eu vou fazer isso novamente.

**JPW** Mas foi para a construção civil.

**HOMEM IRLANDÊS** Eu suponho que a experiência me deixou... zonzo. Mas eu não sei. Foi mais do que isso. E não foram os aplausos. Assim, você pode falar para sempre, mas cantar... Cantar, sabe? O único jeito possível de contar para as pessoas.

O CONCERTO DE GIGLI

JPW    O quê?

HOMEM IRLANDÊS (*dá de ombros, ele não sabe*) ... Quem é você?...
Mas o Abramo disse, você pode ter estado em... em...
em...

JPW    Macerata?

HOMEM IRLANDÊS Macerata, cantando e representando, mas isso
não significa que você se esqueça dos seus modos
ou das dificuldades em que essa família está, ou do
emprego que eu tive que zelar.

JPW    Na construção civil?

HOMEM IRLANDÊS (*levantando-se com ira*) Na... o quê? Não!... A
loja... mensageiro... a farmácia local, seja lá que (*"Porra
for"*)... Um balconista, mensageiro, faz-tudo... Meu
irmão era um tirano!

JPW    Bom! Bem, vamos ver agora...

HOMEM IRLANDÊS (*cruel, intenso*) E o homem para quem eu tra-
balhei, *ele* era um alcoólatra, um impostor, um parasita,
um fracasso em tudo, comeu veneno de rato uma noite
e veio para este país logo em seguida!

JPW    ... Eu quero dizer, está na hora e eu queria sintetizar.

HOMEM IRLANDÊS Sintetizar *o quê?*

CENA UM

JPW  Sua depressão... que você está passando por um grave...

HOMEM IRLANDÊS  O que significa isso (*Depressão*)? Tudo mesquinho e baixo?!

JPW  Desanimado, humilhado, sim, rebaixado.

HOMEM IRLANDÊS  Tudo mesquinho e baixo?!

JPW  Redução do tom da voz?

HOMEM IRLANDÊS  Você quer dizer que eu sou infeliz?

JPW  Devo imaginar que sim.

HOMEM IRLANDÊS  Então eu sou infeliz!

JPW  Isso é bom: raiva, deixe sair tudo. Isso é o que eu vou ter por objetivo.

HOMEM IRLANDÊS  O que você esteve anotando aí?

JPW  Confidencial...

HOMEM IRLANDÊS  O que você esteve anotando?...

JPW  A sua ficha. Antiético... (HOMEM IRLANDÊS *arranca a folha de papel de* JPW) Um assunto entre mim e o seu clínico geral.

HOMEM IRLANDÊS  (*lendo*) "Fatos. Existem fatos demais no mundo."

# O CONCERTO DE GIGLI

JPW    Interessante a sua observação.

HOMEM IRLANDÊS "Ficção. Fantasia." (*Ele olha para* JPW, *que desvia o olhar*) ... "Bis."

JPW    Outra vez.

HOMEM IRLANDÊS "Perto do final da sessão ele sorriu".

JPW    Você sorriu, nós fizemos progressos.

HOMEM IRLANDÊS "Um pote de geleia, chá, sacarina."

JPW    Eu não uso açúcar. Você pode não achar isso, mas eu ainda sou vaidoso.

HOMEM IRLANDÊS Você acha que eu sou um otário?

JPW    Não. E eu também não sou.

HOMEM IRLANDÊS Você estava sintetizando.

JPW    Que você está profundamente infeliz... neste momento...

HOMEM IRLANDÊS Você não está?

JPW    E psicótico.

HOMEM IRLANDÊS Eu?

JPW    Sim.

CENA UM

**HOMEM IRLANDÊS**  O que é psicótico?

**JPW**  Fora de controle.

**HOMEM IRLANDÊS**  Então é assim? (*O rosto contorcido em um ódio impotente*) Mais alguma coisa?

**JPW**  Você não gosta do que você é.

**HOMEM IRLANDÊS**  Melhor do que não saber *quem* ou o que eu sou!

**JPW**  Outro compromisso na cidade, na verdade, estou atrasado, mas, deixe-me ver, sim, eu posso conseguir, felizmente, outra sessão amanhã, mesmo horário... Bem, talvez um pouquinho mais tarde. Meio-dia?

**HOMEM IRLANDÊS**  Acho que não. (*Saindo*).

**JPW**  Eu posso fazê-lo cantar! E lembre-se... (HOMEM IRLANDÊS *saiu*) ... Toda a bebida acabou. (*Ele dá cabo do restante de sua vodca*) Ele é louco. (*Ele enfia um livro no bolso, recolhe o dinheiro.* MONA *entra com algumas frutas e cigarros para ele.*)

**MONA**  Bem, amado! Quem era esse que eu encontrei nas escadas? (*Ela abre o sofá*) Que tal uma sessão? (*Ele já saiu pela porta. Ela larga as frutas e os cigarros*) Nenhuma alegria por aqui, produtiva ou outra qualquer! Aqui, lá, em outro lugar, onde? Talvez esta noite. (*Ela se agacha como que para falar com uma criança*) Então, pequenina, vamos sair para ver o mar? Muito chato, frio, poluído? Ao Bewley's[11] então, novamente: chá e bolos. Ou o zoológico? Cinema? Para ver mais merda. Ahm, ah, nós vamos ah... conversando sobre isso no caminho de casa. Aah, foda-se, criança, vamos a algum lugar.

*Ela sai. As luzes vão se apagando, o som aumenta: Gigli cantando "O Paradiso".*

[11] Um dos Cafés mais icônicos e celebrados de Dublin.

# CENA DOIS

*Fora, o relógio da igreja bate meio-dia. JPW encolhido na cama em um estupor alcoólico, adormecido. A campainha da porta externa toca, a silhueta do* HOMEM IRLANDÊS *vindo para a porta do consultório, batendo...*

HOMEM IRLANDÊS  Sr. King!... Sr. King!...

*A silhueta anda de lá pra cá por alguns instantes, então sai. As luzes vão se apagando, o som aumenta: Gigli prossegue com "O Paradiso".*

# CENA TRÊS

JPW *ao telefone.*

JPW  Mesma resposta, eu suponho. (*Ele assente seriamente com a cabeça à réplica dela. Então*) Tchau... O quê?... Oh, umas duas entrevistas na cidade e... Oh, o que eu estou fazendo agora, neste exato momento? Uma pilha de cartas na minha frente requerendo atenção e, você sabe, muito ocupado... Não, eu ainda estou aqui... O quê?... Eu tento... Eu prometo... Tchau. (*Ele desliga o telefone*) "Por favor, por favor, não me ligue novamente." Eu tento. Helen.

*Ele vai até a janela e abre a persiana. Então reage a alguém observando a janela dele da rua e entra em ação: o equipamento do telefone reajustado, a cama reconvertida, óculos para criar um efeito etc. Ele destranca a porta, abre-a, senta-se no sofá com um livro, como se o estivesse lendo. O relógio da igreja bate duas horas. HOMEM IRLANDÊS chega. Ele permanece de pé à porta, miseravelmente.*

JPW  Este é um horário ótimo do dia! Entre. (HOMEM IRLANDÊS *continua miserável, à porta*) Mas quando eu digo meio-dia, eu quero dizer meio-dia! Entre! (*Ele olha para o* HOMEM IRLANDÊS *pela primeira vez e fica alarmado*) E como foi a sua noite? Divertida? Na cidade? Uma noite na ópera?... Sim, bem, mas, cantar como Gigli em seis lições fáceis!

HOMEM IRLANDÊS (*continua à porta*) Você é casado?

JPW ... Eu sou?

HOMEM IRLANDÊS Ela é uma santa.

JPW Ela é uma santa, sim, eu tenho que admitir que ela é muito especial. Garota irlandesa, avental, sabe? Cerze minhas meias, esse tipo de coisa.

HOMEM IRLANDÊS Filhos.

JPW Dois.

HOMEM IRLANDÊS (*veladamente*) Eu fiz uma fogueira ontem à noite e queimei todos os brinquedos da casa. O que é que eu faço?

JPW Você pode fumar, se quiser.

HOMEM IRLANDÊS Tudo tão sem graça, tão mesquinho e baixo. Idiota, insensível, culpável, inútil, acabado... Acabado? Não! (*Entrando na sala*) Você mora aqui, sr. King?

JPW Não.

CENA TRÊS

**HOMEM IRLANDÊS** Eu invejo isso.

**JPW**    Eu não.

**HOMEM IRLANDÊS** Então onde você mora?

**JPW**    Nada muito grande, claro, mas com uma trepadeira
em torno da porta, esse gênero de residência. Talvez
mesmo em um de seus empreendimentos imobiliários
rústicos?

**HOMEM IRLANDÊS** Com a esposa?

**JPW**    Ela não tem que cerzir as minhas meias, claro, mas
essa é a natureza dela. Até mesmo quando não existem
furos nelas? (*Ele ri. Silêncio. Ele senta-se*) Não existe
nada mais banal do que a morte, meu amigo.

**HOMEM IRLANDÊS** (*repentinamente enfurecido*) E quanto a mim?
(JPW *não compreende*) Eu! *Meu!* Eu! O que eu quero!

**JPW**    E este é o porquê de estarmos aqui.

**HOMEM IRLANDÊS** O que *eu* sinto!

**JPW**    Registrado.

**HOMEM IRLANDÊS** Por dentro!

**JPW**    Sim! Gigli!

53

O CONCERTO DE GIGLI

HOMEM IRLANDÊS  Ele é o demônio!

JPW  Ele é o...? Oh, pelo amor de Deus, Benimillo, saia dessa.

HOMEM IRLANDÊS  Isso é uma... uma coisa... idiota... ridícula de se dizer! Você acha que eu estaria desse jeito se pudesse evitar? Quando eu o ouço... Eu não consigo parar de ouvi-lo! Preenche-me! As... coisas... por dentro. Tenso, tudo muito intenso. E eu ouço cuidadosamente. E é lindo... Mas isso está berrando, está ansiando! Ansiando pelo quê? Eu não sei se isso está me mantendo são ou me deixando louco. Você pode rir.

JPW  Eu não estou rindo.

HOMEM IRLANDÊS  Ou isso está zombando de mim?

JPW  A música tem encantos para...

HOMEM IRLANDÊS  Nãão, seja quem for que disse isso é um otário. Um disco! Um presente de Natal! Ou o que isso quer que eu faça? Voe!

JPW  Pare de ouvi-lo.

HOMEM IRLANDÊS  Eu vou até o fim. Minha esposa está à beira de um colapso nervoso. Ela quase não está aguentando mais. Ela diz que estou parecendo um velho. Hah?

JPW  E você está.

CENA TRÊS

**HOMEM IRLANDÊS** Ela está parecendo uma velha. Ela era uma princesa. Você deveria tê-la visto. Mesmo três meses atrás. Ela está aguentando por mim, ela diz, não pela criança. A criança também, mas por que diabos por mim? E eu queimei todos os brinquedos dele ontem à noite. Eu os arranquei de todos os cantos. E eu tenho tanto orgulho dele. Eu o vejo me observando de vez em quando. Ele tem quase nove anos. Eu o observo de vez em quando também, secretamente, e me pergunto se vou escrever uma carta para ele. Ou levá-lo para um pequeno passeio, o meu braço em volta dos seus ombros. Porque, embora ele tenha quase nove anos, e seja um garoto, mesmo assim ele me permitiria colocar o braço em volta dos seus ombros. Meu filho. E explicar a ele que eu não tenho importância. Que seria melhor se eu desaparecesse.

**JPW** Ah, sr. ...

**HOMEM IRLANDÊS** E de vez em quando eu desejo coisas a eles (*"A morte"*) que eu não quero desejar, coisas que talvez vão acabar dando azar.

**JPW** Ah, sr. ...

**HOMEM IRLANDÊS** Minha esposa desceu ontem à noite. De camisola, o cabelo solto. Eu fingi que não escutei ela entrar ou que ela estava me observando. E me mantive ouvindo música. Então ela veio e ficou de pé ao lado

O CONCERTO DE GIGLI

da minha cadeira. Sorrindo. O que você está ouvindo.
Eu uso fones de ouvido à noite. Elgar,[12] eu disse. Não
sei por que eu disse aquilo já que a única coisa que
eu ouço é ele. E... Você dê o fora, eu disse. Para cama.
E ela disse sim, é uma e dez, vamos. E... Você está
subindo, ela perguntou. E eu disse, daqui a pouquinho,
eu disse. E... Então ela se ajoelhou e colocou a cabeça
sobre os meus joelhos. E então ela disse fale comigo.
Fale comigo, fale comigo, por favor, amor, fale comigo.
E eu não consegui pensar em uma coisa sequer para
dizer. E então ela disse eu te amo muito. E eu disse eu
te amo também... mas não em voz alta. E... Então ela
se levantou. E então ela disse recomponha-se, qual é o
seu problema, pelo amor de Deus, controle-se, recomponha-se. Ela estava tremendo. Ela tinha se soltado por
um instante. E então ela disse boa noite. Quando ela
saiu eu fiquei de pé. Por consideração. Eu sabia que
ela tinha parado no saguão. Ela geralmente faz isso.
Apenas permanece lá por alguns instantes. Antes de
subir. E... então saiu. Meu rugido. Foda-se, foda-se...
foda-se. (*Embora proferido baixinho e a emoção intensa
contida, lágrimas começaram a rolar no rosto do* HOMEM
IRLANDÊS *durante a fala.*)

JPW    Ah, sr.... Está fora do meu alcance. Essa organização,
Steve, nosso fundador, líder, veio para cá e montou
este consultório. Embora eu sempre tenha pretendido

---

[12] Sir Edward William Elgar (1857-1934), compositor inglês de música clássica, ganhou fama
por seus trabalhos orquestrais e corais, concertos, música de câmara e duas sinfonias.

CENA TRÊS

realizar algo, eu mesmo não consegui fazer grande coisa por minha conta. Eles me mandaram pra cá. Mas mesmo eles me esqueceram. E eu me esqueci deles. Eu acho que é provável que eles tenham despachado o Steve de navio de volta para os Estados Unidos. Eu nem mesmo sei se nós ainda continuamos existindo.

HOMEM IRLANDÊS Então por que você continua neste país horrível, então!

JPW (*um gesto para a janela, "Helen", muda de ideia, e prossegue com a réplica defensiva, típica nessas circunstâncias*) Isso é... isso é assunto meu! Está fora do meu alcance.

| | |
|---|---|
| HOMEM IRLANDÊS | Não, não está... |
| JPW | Está fora do meu alcance! |
| HOMEM IRLANDÊS | Não, não está. |
| JPW | Eu não tenho respostas, eu não sei o que fazer... |
| HOMEM IRLANDÊS | Não, você sabe, não, você sabe... |
| JPW | Santo Deus, tentando resolver as coisas, minha vida inteira, sozinho. |

HOMEM IRLANDÊS Sua Helen, sua residência, sua...

JPW Sim, minha... Isso não é da sua conta!

HOMEM IRLANDÊS Eu estou contente com você.

JPW Não existe nenhuma organização!...

O CONCERTO DE GIGLI

**HOMEM IRLANDÊS** Eu estou contente com você, sr. King...

**JPW** Você precisa de um psiquiatra verdadeiro, reconhecido, qualificado, formado na universidade. (HOMEM IR-LANDÊS *gira a cabeça*) O que você tem contra eles?

**HOMEM IRLANDÊS** Eles não conhecem! Filosofia! E pessoas como eles... Eu já lidei com eles... Eu já os encontrei nos canteiros de obras... caminhando rápido em seus ternos listrados... Isso é tudo que eles conhecem... ou fodidos pela educação excessiva... isso é tudo que eles conhecem!

**JPW** Eles conseguem ver padrões.

**HOMEM IRLANDÊS** Eu estou contente com você.

| | |
|---|---|
| **JPW** | (*"Não"*) Eu não me importo em fazer um dinheiro rápido... |
| **HOMEM IRLANDÊS** | Eu tenho bastante tempo para o instinto... |
| **JPW** | Eu não me importo em te contar que preciso dos xelins... |
| **HOMEM IRLANDÊS** | Sempre usei o instinto... |
| **JPW** | Mas, a bem da verdade, eu estabeleço o limite. Eu não sou, embora você possa pensar isso, um cafetão. |

**HOMEM IRLANDÊS** Instinto, meu forte, garoto. Instinto infalível para o homem certo para o emprego.

CENA TRÊS

JPW     Isso não é um emprego!

HOMEM IRLANDÊS  Eu vou chegar à raiz disso, eu vou até o fim, é o
        meu jeito. Eu nunca fui derrotado... Oh, eles tentaram,
        mas eu deixei alguns aleijados por aí. Eu confrontei,
        fiz negócios com os grandes... (*Sussurra*) os maiores da
        terra... e não houve nada que ele, ou eles, pudessem en-
        sinar para mim. Nunca fui derrotado, um sobrevivente,
        e isso também não vai me derrotar.

JPW     Seja gentil, por um segundo. Pelo que isso possa valer,
        minha opinião: em qualquer jogo é perigoso pegar em
        armas contra um inimigo desconhecido.

HOMEM IRLANDÊS  (*a mão no bolso*) E se tudo der errado, eu tenho
        uma carta na manga.

JPW     Seja gentil, por um segundo. Nós estamos falando sobre
        cantar? Quero dizer, você pode ser sério?

HOMEM IRLANDÊS  Oh, eu sou sempre sério...

JPW     *Cantar?...*

HOMEM IRLANDÊS  Eu nunca pude me dar ao luxo de ser alguma
        coisa senão sério.

JPW     Benimillo...

HOMEM IRLANDÊS  Eu sou tão sério...

JPW  Benimillo!...

HOMEM IRLANDÊS  Você tome cuidado... Você tome cuidado!...
Porque eu também vou te pegar!

JPW  (*veladamente*) Bem-bem!

HOMEM IRLANDÊS  Então o meu tempo acabou por hoje?

JPW  Eu devo imaginar que sim. Tenho alguma meditação para fazer.

HOMEM IRLANDÊS  Então a que horas amanhã?

JPW  Amanhã é sábado, eu não trabalho nos fins de semana.

HOMEM IRLANDÊS  Eu vou te pagar adiantado?... Pelas quatro sessões restantes. Em dinheiro ou... terá que ser um cheque.

JPW  E você quer uma sessão no domingo? Bem-bem! Isso não foi uma coisa muito gentil para se dizer a um amigo, Benimillo.

HOMEM IRLANDÊS  Quanto?

JPW  O dobro para sábado e domingo.

HOMEM IRLANDÊS  Cem libras.

CENA TRÊS

JPW    Céus! Cem libras. O seu desespero é fantástico. Cem está ótimo e um cheque está ótimo e os bancos ainda estão abertos.

HOMEM IRLANDÊS  A que horas amanhã?

JPW    Você escolhe.

HOMEM IRLANDÊS  Você estará aqui?

JPW    Indique o horário.

HOMEM IRLANDÊS  Você estará aqui?

JPW    Eu estarei aqui.

HOMEM IRLANDÊS  (*prestes a entregar o cheque, lembra-se*) Eu estarei de volta com o dinheiro em dois minutos.

HOMEM IRLANDÊS *sai.*

JPW    Quase consegui o seu segundo nome, *Benimillo!...* Jesus Cristo! (JPW *reflexivo, então uma ideia; lista telefônica, encontra um número, ajuste no equipamento telefônico...*) Hospitais, hospitais. O que eu estou fazendo?... Ele é louco! O Santa Anne, administração, residência da enfermagem, departamento de raio X. Não. O São Godolph, inusitado, administração, residência da... ah! (*Batidinhas para chamar um número*) Departamento psiquiátrico, por favor... Boa tarde. O psiquiatra encarregado, por favor... o assistente dele então... qualquer psiquiatra... sim, uma consulta... não, para o meu irmão... para hoje... Mês que vem!... Ela não poderia me ver amanhã?... Eu sei que amanhã é sábado, senhorita, mas eu estou com o meu irmão lá fora, agora, literalmente amarrado com cordas no porta-malas do meu carro... Senhorita, eu sou um clínico geral com prática e este não é um caso para o seu departamento de emergências... Minha senhora, eu estou sentado em um barril de pólvora, você pode me ajudar?... Segunda-feira. A que horas?... Isso é muito cedo... Eu disse que está ótimo... O quê?... Oh, Mickeleen O'Loughlin. (*Ele desliga o telefone.*)

HOMEM IRLANDÊS *retorna e espalha o dinheiro sobre a escrivaninha.*

HOMEM IRLANDÊS  Meio-dia amanhã! E é melhor que você esteja aqui! Você entende isso?

JPW *faz uma pose de cabeça com cabeça com o* HOMEM IRLANDÊS *do outro lado da escrivaninha.*

JPW  Você traz as pistolas! Eu vou trazer o álcool!

*A música aumenta, a parte final de "O Paradiso" para encerrar a cena.*

# CENA QUATRO

*JPW e MONA na cama, se revezando com uma garrafa de vodca. JPW bebendo muito para se fortalecer. No chão, ao lado da cama, alguns livros, gráficos; alguns mantimentos sobre a escrivaninha. MONA tem trinta e oito anos. Os humores dela podem oscilar tão rapidamente quanto seus pensamentos, mas sua vitalidade, generosidade e natureza aparentemente festiva permitem que ela fique apenas passageiramente de "mau" humor. Ela está usando uma combinação branca.*

MONA     Você não está me ouvindo. *(Ele assente com a cabeça)* Eu não deveria ter passado por aqui? *(Ele assente com a cabeça)* Você está aborrecido agora? *(Ele assente com a cabeça. Ela o chuta ou o que seja)* Então eu corro para levar minha afilhada para aula de balé. Corro de volta para casa. Ando de um lado pro outro: o que fazer agora? *E eu estava faminta... por alguma coisa.* Então comi três ovos, depois dois iogurtes: ainda me perguntando, o que eu farei agora? Então pensei, vou arriscar com você.

JPW     Bem, eu vou até o fim dessa coisa também.

MONA     Você não está me ouvindo!

| | |
|---|---|
| JPW | Ele pode mesmo atirar em mim se eu não atirar nele. |
| MONA | Quem? |
| JPW | Benimillo, o homem irlandês. Um homem prático, como meu pai. Mas este homem prático está declarando que o reino romântico *é* deste mundo. |
| MONA | E isso é tudo que você ficou fazendo ontem à noite, lendo? |
| JPW | Eu *quero* que ele prove isso. Eu fui contratado para auxiliá-lo. |
| MONA | Se eu tivesse sabido. (*A cabeça debaixo das roupas de cama*) Está congelando aqui. |
| JPW | Você entende o que eu quero dizer? Eu fiquei acordado a noite inteira. E eu tinha tudo decifrado a certa altura. Eu fiquei muito excitado. Agora me esqueci de tudo. |
| MONA | (*debaixo das roupas de cama*) Nada de mais acontecendo aqui embaixo, meu amigo. |
| JPW | Como? Não! Não! Você não devia estar fazendo isso comigo. |
| MONA | Seduzindo você, amado? |

CENA QUATRO

JPW   Sim. E trazendo aqueles... mantimentos!... Ali. Que diabos eu devo fazer quando ele chegar? Eu tenho que continuar com isso em um nível de conversação a qualquer custo. Mas como é que se faz isso?

MONA   Continue falando.

JPW   Como?

MONA   Você continua falando.

JPW   Sim, eu quero dizer, eu não tenho *tanto* medo assim dele.

MONA   E choque-o se você puder.

JPW   Sim, eu tenho certeza que ele é católico. (*Ela ri*) Você é católica?

MONA   (*assente com a cabeça*) E eu rezo.

JPW   O que é o pecado original?

MONA   Dane-se o pecado original.

JPW   A culpa existencial.

MONA   E quanto aos meus problemas?!

JPW   Que problemas?

| | |
|---|---|
| MONA | Eu sou uma pessoa. |
| JPW | Você se joga na cama assim que entra por aquela porta. |
| MONA | Esse é o meu problema. |
| JPW | Eu tive sorte de escapar no outro dia. |
| MONA | É por isso que eu vim cedo hoje de manhã. (*Ela se levanta, começa a se vestir.*) |
| JPW | O que você está fazendo? |
| MONA | Outro ponto de parada. |
| JPW | Para onde? |
| MONA | Oh? Um homem. Faz coisas engraçadas comigo. Você está com ciúmes? Você: sem chance. |
| JPW | Não vá ainda. |
| MONA | Está bem. O meu queixo está tão dolorido, ele ainda está vermelho? O que meu marido vai dizer? Eu estou irritada agora porque não pensei nas pilhas para o seu barbeador. |
| JPW | (*distraidamente*) Você pensou em um pote de geleia? |

CENA QUATRO

MONA   (*aceno solene de "Sim" com a cabeça, seguido por um tom solene enquanto ela volta para a cama*) Mas eu tenho que pegar minha afilhada. Depois para o médico.

JPW   O que é a vida?

MONA   A vida, meu amigo, é recuperação rápida. Mas eu suponho que tive sorte de chegar até aqui afinal, humm? As barreiras estão subindo pela cidade em volta da velha Mona aqui. E alguma... cortina... está sendo fechada. Jimmy. Prometa-me uma coisa. Que você vai me decepcionar delicadamente.

JPW   Do que você está falando?

MONA   Agora que você perguntou... Não tenho tanta certeza. De onde eu estou ou do que estou fazendo. Eu sei que existe outra pessoa, mas não sou nada mal, sou?

JPW   (*defensivamente*) Que outra pessoa?

MONA   Mas eu *sei* disso! Olhe pra você agora: os olhos como os de uma freira... magoada.

JPW   Eu tenho quarenta e seis anos.

MONA   Quem é ela?... Apenas em nome da curiosidade.

JPW   Estou muito lisonjeado.

# O CONCERTO DE GIGLI

MONA     Eu tenho vinte e oito. Ok, trinta e oito. E nada aparenta isso ainda. Quando eu vou pra cama com você, eu digo, certo, Mona, mãos à obra, quinze vezes hoje.

JPW     Nós fizemos duas na penúltima vez.

MONA     *Minha* culpa. E você é somente um bebê... Todos os homens são bebês... e eu odiaria ter peitos grandes.

JPW     Eu nunca disse...

MONA     Alguns homens dizem! (*Então ela ri*) No passado. Bem, qual é o problema comigo, diga-me?... Em comparação com a senhorita quem quer que ela seja. E ela não cuida de você muito bem, não é? (*Ela indica a sala.*)

JPW     Você é uma mulher casada respeitável!

*Então eles riem. Então ela fica séria.*

MONA     Não ria de mim. Você não sabe o que é isso. "A boa velha Mona." *E* eu não gosto de ser usada.

JPW     Sim, bem, mas, Mona, eu de vez em quando sinto...

MONA     Esta é a primeira vez que você usou o meu nome hoje.

JPW     Sim, bem, mas, eu de vez em quando sinto que é você possivelmente, eu quero dizer, que está me usando. (*Ela assente seriamente com a cabeça*) Quero dizer, a

CENA QUATRO

coisa interessante, quem pegou quem naquela noite no supermercado?

MONA   Na seção de comida saudável.

JPW   Eu tenho me perguntado frequentemente.

MONA   Meu mágico. (*Impulsivamente*) Eu vou te dar o dinheiro para mandar reconectar esse telefone.

JPW   Eu sou um assalariado agora, eu tenho um emprego.

MONA   Como queira.

JPW   ... O que há de errado com Karen, essa sua famosa afilhada?

MONA   (*insiste*) Karen-Marie. (*Maree*).

JPW   Karen-Marie.

MONA   Eu estou indo ao médico.

JPW   O que há de errado com você?

MONA   Eu tenho tesão pelo médico.

JPW   Isso não me surpreenderia.

MONA   O que te surpreenderia?... Você não gosta desses comentários. (*Ele entende e ri*) Mas, pelo menos, você se digna

O CONCERTO DE GIGLI

a falar comigo quando estou aqui. Não como alguns. E não como aquela sucessão de misérias que eu tenho em casa. (*Ela grunhe imitando o marido*) Eu vou deixá-lo. Não se preocupe, não por sua causa. Ele também está exausto. (*Suspira*) Eu deveria ter me casado com um fazendeiro.

JPW     Seis filhos.

MONA     O dobro disso. Agora você está chegando perto. Vamos lá, eu vou fazer você rir. Você sabe que levo essa afilhada para todos os lugares comigo? Mas não consigo impedi-la de ficar para trás, enrolando! Nós estávamos fazendo compras durante a semana e tivemos que passar pelo departamento de roupas masculinas para chegar ao de roupas femininas e, de repente, esta voz: "Senhora! Senhora!". Esse pobre vendedor, oitenta anos, no mínimo. E eu procurei em volta pela Karen-Marie. E você sabe os manequins de loja? Bem, lá estava ela, inocente, como queira, olhando para o rosto deles, abrindo os zíperes de suas braguilhas e colocando a mão lá dentro. "Senhora! Senhora!". E eu gritando... Tem alguém ali fora. (*A silhueta do* HOMEM IRLANDÊS *chegando do lado de fora, batendo na porta*) É ele?

JPW     Fique onde está.

MONA     Ah, Jimmy...

CENA QUATRO

**JPW** Eu não vou demorar, Benimillo! (*A silhueta se afasta*) Não, deixe que ele espere... mas que inferno... ele chegou adiantado. O que vou dizer pra ele? Abrindo os zíperes de suas braguilhas, colocando a mão dela lá dentro, colocando a mão dela lá dentro. (*Ele está em pânico, cochichando: não sabe o que está dizendo*).

**MONA** (*continua com um cochicho, vestindo-se apressadamente*) "Senhora! Senhora!" E eu gritando "Karen-Marie! Karen-Marie!", "Senhora! Senhora!" "Karen-Marie! Karen-Marie!". E a Karen-Marie diz... (*Para* JPW) Não olhe para mim (*Vestindo-me*) ..."Eles são só manequins", ela disse, "eles não têm pintos." Muito bem, ria!

**JPW** Muito bem, ria, eles não têm pintos. (*Vestindo as calças etc.*)

**MONA** E as outras mulheres em volta estavam histéricas.

**JPW** Histéricas, e então o que aconteceu?

**MONA** E então o que aconteceu... (*Ela parece particularmente perdida por um instante*) Eu acho que estou ficando louca. Estou esquecendo alguma coisa? (*Fora, o relógio da igreja bate meio-dia*) Jesus!... Meio-dia!... Como é que eu saio daqui?

**JPW** Ele não é a minha esposa.

# O CONCERTO DE GIGLI

MONA    Você não tem uma esposa. (*Ajustando o corpete, referindo-se aos seus seios*) Se cabe na sua boca é grande o suficiente. Até mais... Eu vou...? Mande consertar o telefone, está bem, até mais.

*Ele espera que ela saia e fecha a porta. Ele está fumando, bebendo, deixa a cama sem converter — tentando fazer uma provocação —, abre a porta na última badalada do relógio da igreja, faz uma pose com um gráfico ou livro, suas costas para a porta, e espera.*

*HOMEM IRLANDÊS surge e permanece de pé à porta, sorrindo; ele está carregando uma grande caixa de papelão. Ele parece satisfeito consigo mesmo esta manhã.*

HOMEM IRLANDÊS   Posso entrar? Receio que cheguei um pouco adiantado. Posso entrar?

JPW    Entre.

HOMEM IRLANDÊS   Eu fiz uma comprinha. Trouxe as pistolas. Posso colocar isto aqui?... Hah?... Hah?... É bem fácil de montar... Hah?

*HOMEM IRLANDÊS rindo entre dentes "Hah" exibe um toca-discos novo, tirado da caixa, e um disco.*

*JPW está desconcertado, surpreso e ofendido com essa ação, mas tenta se controlar.*

JPW    Você quer dizer que trouxe isso?

CENA QUATRO

**HOMEM IRLANDÊS** Hah? A esposa? (*Mona.*)

**JPW**  Não, não é a esposa, Benimillo. Bebe? Enquanto eu estou *esperando* por você.

**HOMEM IRLANDÊS** Obrigado, sim, por que não, por favor.

**JPW**  Oh?

**HOMEM IRLANDÊS** Fim de semana. Ela estava usando uma aliança.

**JPW**  Ela não estava! Por Deus! A esposa de outro homem, Benimillo, você está chocado?

**HOMEM IRLANDÊS** Boa sorte.

**JPW**  Ela é católica.

**HOMEM IRLANDÊS** E o que a sua própria esposa pensa sobre tudo isso em sua residência rústica? (JPW *reage com raiva, fazendo desaparecer os mantimentos da escrivaninha em gavetas ou em outro lugar qualquer*) ... Eu não tive a intenção de te ofender ou... O quê?

**JPW**  Ah, claro, um homem impecável, uma capa de chuva, claro, eu sei muito bem que você não teve! E este aparelho te custou algumas libras, quinhentas ou seiscentas?

**HOMEM IRLANDÊS** Você está tendo um caso, sr. King?

O CONCERTO DE GIGLI

JPW    Ela pode pensar que sim.

HOMEM IRLANDÊS  Oh, agora, isso é um pouquinho chauvinista.

JPW    (*"Céus! Chauvinista!"*) O que você achou dela?

HOMEM IRLANDÊS  Uma mulher atraente.

JPW    Mas os peitos dela... então você não tem tesão por peitos grandes?

HOMEM IRLANDÊS  Existe uma tomada em algum lugar?

JPW    Eu sabia que esse camarada irlandês, uma vez, teve algo sério com... (*Faz mímica*) em torno de interruptores de luz elétrica.

HOMEM IRLANDÊS  (*encontra a tomada*) Aqui está.

JPW    Ah, mas claro, se cabe na sua boca é grande o suficiente.

HOMEM IRLANDÊS  Qualquer coisa a mais é um desperdício. (*Em reação à surpresa de* JPW) Isso é o que costumávamos dizer, com certeza. Se cabe na sua boca é grande o suficiente, qualquer coisa a mais é um desperdício.

JPW    Mas, mas... pessoalmente, Benimillo... grandes ou pequenos, eles são coisas assustadoras, e eu fico sempre impressionado com o quão casualmente as damas acham isso natural.

CENA QUATRO

**HOMEM IRLANDÊS** Aqui está. (*Instalou.*)

**JPW** Você concordaria com essa observação?

**HOMEM IRLANDÊS** (*liga o aparelho — compassos orquestrais da abertura de "O Paradiso"*) Você se importa?

**JPW** Eu me importo.

**HOMEM IRLANDÊS** (*coloca em outra faixa*) Não, essa primeira não, ela começa com "O Paradiso", mas tem uma parte aqui...

**JPW** Eu disse que me importo!

**HOMEM IRLANDÊS** O quê?

**JPW** Eu disse não! (*Ele desliga o aparelho.*)

**HOMEM IRLANDÊS** Eu apenas quero que você o ouça.

**JPW** Você quer ouvi-lo ou quer cantar como ele, qual? Sente-se. Nós temos trabalho a fazer. Olhe para este gráfico, por favor. (*Ele segura um gráfico ou desenha um gráfico — três círculos, linhas de conexão etc. — sobre a parede*).

**HOMEM IRLANDÊS** (*conciliador*) Eu aprecio os nossos encontros, sr. King.

O CONCERTO DE GIGLI

JPW     Você vê este círculo aqui, a mais perfeita das formas, o útero cósmico, a piscina cristalina do ser. Nós nos deslocamos por esta linha...

HOMEM IRLANDÊS   Eu espero ansioso por eles.

JPW     Nós nos deslocamos por esta linha até nossa segunda piscina, a existência, o aqui e agora. Novamente a mais perfeita das formas, mas olhe para o que está dentro: uma bagunça.

HOMEM IRLANDÊS   Eu os aprecio...

JPW     Círculos dentro de círculos, concêntricos e excêntricos, rabiscos, turbilhões de objetos, e embaixo, nesta área escura aqui, sedimento: desespero. Nosso problema, alcançar o estado de limpidez que existe aqui, em nossa segunda piscina, aqui. Mas, paradoxalmente, é desta área escura, desta escuridão ascendente de nosso desespero que a solução vai ser obtida, se... se... nós pudermos fazê-la ascender para cobrir a piscina inteira e tapar nossos rabiscos e círculos e afins. Bom.

HOMEM IRLANDÊS   O que é a terceira piscina?

JPW     De fato. E eu ficaria grato se você não me interrompesse mais. As áreas que vamos adentrar daqui para a frente não são sem risco, e exigirão não apenas a sua concentração, mas aquela coragem requerida para um encontro do tipo mais estranho e singular.

CENA QUATRO

**HOMEM IRLANDÊS** Você está brincando comigo. (*Sorrindo, incomodado com esse tipo de conversa.*)

**JPW** Como?

**HOMEM IRLANDÊS** Aa!

**JPW** "Aa"?

**HOMEM IRLANDÊS** Nãão!

**JPW** "Nãão"? Você não está dizendo, espero, que pensou que o problema simples que você nos colocou seria resolvido do jeito tradicional? Quero dizer, sentando juntos e jogando aquele jogo chamado Desleixados. O vencedor demonstra ser o jogador mais sentimental e torna-se o Desleixado Rei ao desferir, no momento mais inesperado, um chute emocional nos genitais do seu adversário, desse modo, *pegando-o*. Problema resolvido.

**HOMEM IRLANDÊS** Ontem eu estava indisposto.

**JPW** Mas nós tivemos uma boa noite ontem à noite, não tivemos, dormiu bem?

**HOMEM IRLANDÊS** Não.

**JPW** Os três aspectos em que nos concentraremos hoje são: um, a sua culpa existencial, dois, o demônio duplamente paralisante dela, a síndrome de eu sou quem sou

O CONCERTO DE GIGLI

e, três, o desespero. Então, se você estiver pronto para isso, ao longo dos próximos três dias, investiremos em possibilitar aquele poder silencioso da espera possível dentro de você.

HOMEM IRLANDÊS Nããa, aa!

JPW "Nããa... aa" *novamente!* Explique-se! Ah! Você está impaciente para perguntar o que é a sua culpa existencial natural.

HOMEM IRLANDÊS Culpa... existen... Eu não tenho culpa de nada.

JPW  
HOMEM IRLANDÊS Ouvi você ontem, aprisionado, entorpecido, culpado. Sobrevivência!... Do que eu sou culpado, de sobreviver? Você sabe o que se passa lá fora?

JPW  
HOMEM IRLANDÊS A questão é que você se sente culpado. E inocente ao mesmo tempo!

JPW Tudo bem! Apenas como Adão quando ele foi chutado.

HOMEM IRLANDÊS *Adão?*

JPW O que eu fiz, ele disse a Deus, eu apenas... Mas Deus disse, fora, fora!

HOMEM IRLANDÊS Eu não sei do que você está falando.

CENA QUATRO

JPW     Mas o que Adão tinha feito? Não, não foi uma façanha. Foi muito mais tarde que a danação começou. Adão não perdeu a cabeça por Eva no Jardim do Éden, ele perdeu o rabo... quando mordeu a maçã. Ele *ganhou* uma cabeça, conhecimento... Árvore do Conhecimento... um pouquinho do qual, uma mordida, é uma coisa perigosa. Ele começou a pensar... *a pensar*... e a autoconsciência infiltrou-se, que é a culpa existencial, que é o pecado original.

HOMEM IRLANDÊS     O que isso tem a ver com tudo?

JPW     Fora do Jardim, prosseguiu limpando a floresta, desenvolvendo-a, a labuta maçante para acabar com a dor do que eles tinham perdido. Prosseguiu ordenhando as cabras, cortando a grama, tentando fazer Caim acatar uma orientação mais conservadora e respeitável, atividade padronizada, trivialidades rotineiras, buscando a nova segurança.

HOMEM IRLANDÊS     *Você* não sabe do que está falando!

JPW     (*confrontando o* HOMEM IRLANDÊS) E o tempo todo aniquilando o lado da natureza deles que era inocente e lindo, como se esse fosse o lado que é vulgar, perverso, mesquinho, implacável, ofensivo, perigoso, obsceno! O que você está fazendo? O que você está...?

HOMEM IRLANDÊS *foi até o toca-discos e colocou em uma faixa. Ele encara* JPW *diretamente, uma atitude*

*repreensiva e perigosa, avisando a JPW para não intervir.
Gigli cantando "Dai campi, dai prati". Eles escutam a ária.
JPW esconde seu apreço pelo canto.* HOMEM IRLANDÊS
*desliga o aparelho e espera com uma expectativa infantil
por uma reação apreciativa.*

HOMEM IRLANDÊS  Esta não é a minha preferida, mas por causa
disso eu achei que você pudesse gostar mais. O que
você achou dele?

JPW  Soluça um pouco demais, não é, beicinhos um pouco
demais?

HOMEM IRLANDÊS  Esse é o esnobismo de que eu estava falando!

JPW  E esses sons "aspirados".

HOMEM IRLANDÊS  Rei!

JPW  *(pegou a capa do disco)* Sim, *Beniamino.*

HOMEM IRLANDÊS  *(murmura furiosamente)* Oh, mas os ingleses,
os ingleses, o que eles saberiam afinal!

JPW  Você sabe o que ele estava cantando?

HOMEM IRLANDÊS  Você não...

JPW  Você entendeu a letra?...

CENA QUATRO

**HOMEM IRLANDÊS** Você não...

**JPW** De qual ópera era essa parte?...

**HOMEM IRLANDÊS** Você não precisa saber! Eu poderia julgar um homem mais pelo som que ele produz do que pelo que ele está dizendo.

**JPW** Sua intuição infalível. (*Olhando para a capa do disco*) *Mefistofele:*[13] ah sim, ele *é* o demônio.

**HOMEM IRLANDÊS** Nós estávamos fazendo pequenas cruzes de ouro do lado de cá, quando vocês, do lado de lá, ainda estavam morando em buracos no chão.

**JPW** Eu não duvido da sua palavra quanto a isso, mas qual é precisamente a sua questão?

**HOMEM IRLANDÊS** Oh, mas são pessoas muito frias os ingleses, os britânicos... Oh! E o Império de vocês: que está localizado agora em algum lugar nas... como são chamadas aquelas pequenas ilhas?

**JPW** Oh, vamos, você pode fazer melhor do que isso, você que enfrentou, defendeu-se e competiu com os mais nobres da terra. Beba mais um copo, vai te estimular. Aqui.

---

[13] *Mefistofele* é a única ópera completa do compositor e libretista italiano Arrigo Boito (1842 -1918), em um prólogo, quatro atos e um epílogo. A estreia aconteceu em 5 de março de 1868 no Teatro alla Scala, de Milão, sob a regência do próprio compositor.

HOMEM IRLANDÊS, *com um chute, lança uma cadeira em alta velocidade através da sala; ele está prestes a arrebentar seu copo, e possivelmente a JPW também.*

**HOMEM IRLANDÊS** Você sabe com quem está lidando?

**JPW** Fique à vontade (*Arrebenta o copo*) ... Eu descobri que não tenho medo de você. Apesar de você ter deixado o caminho atrás de si repleto de aleijados... e cadáveres? Prisão, hospital, ou... (*Faz mímica de dar um tiro na cabeça*) não significam nada para mim também. Mas eu tenho somente dois copos restantes na casa e se você arrebentar esse aí, eu certamente vou quebrar esta garrafa preciosa na sua cabeça antes que você faça um segundo movimento.

**HOMEM IRLANDÊS** (*uma advertência*) Não tente tirá-lo (*Gigli*) de mim, sr. King.

**JPW** Ao contrário. Estou começando a achar esse projeto muito excitante. Eu pretendo ir até o fim. Você diz a mesma coisa, mas tenho uma intuição também, e alguma coisa está me incomodando em *sua* determinação. (*Ele serve as bebidas.*)

**HOMEM IRLANDÊS** Cantar!

**JPW** Isso é bom! Repita.

**HOMEM IRLANDÊS** Cantar, cantar! (*E bebe.*)

CENA QUATRO

**JPW**   E eu quero que você continue repetindo isso. Sim, saúde! Porque a abordagem mais perigosa para o nosso trabalho daqui para a frente é aquela de meios desejos meios receios. Olhe para o nosso gráfico, por favor... a terceira piscina, sobre a qual você me perguntou. Um passo em falso e você não apenas erra seu alvo como vem parar aqui, piscina três, piscina do ponto de interrogação, terra das bananas!

**HOMEM IRLANDÊS**  (*servindo-se de outra bebida*) Você saberia sobre isso lá fora!

**JPW**   Eu simplesmente sou obrigado a te advertir.

**HOMEM IRLANDÊS**  Saúde-saúde-saúde!

**JPW**   E pode ser que você nunca volte. (*Rindo, deixando-se levar*) Pode ser que você nunca volte para a âncora desprezível e enfadonha deste mundo cotidiano para o qual você vendeu a sua alma!

**HOMEM IRLANDÊS**  O que é isso?

**JPW**   A âncora desprezível e enfadonha deste mundo cotidiano do qual outros de nós foram excluídos!

**HOMEM IRLANDÊS**  O que é isso!

**JPW**   De fato! A escolha é sua! Mas eu tenho que estar convencido da sua determinação, e...

O CONCERTO DE GIGLI

**HOMEM IRLANDÊS** Espere um minuto...

**JPW** Você é, a meu ver, o que está começando a fraquejar.

**HOMEM IRLANDÊS** Espere um minuto, o que você disse?

**JPW** O que eu disse?

**HOMEM IRLANDÊS** Tem alguma coisa esse tempo todo não fazendo sentido.

**JPW** Bem, claro, eu ainda não expliquei a síndrome paralisante de eu sou quem sou.

**HOMEM IRLANDÊS** Não. O mundo cotidiano desprezível do qual outros de nós foram excluídos?... Esta sua casa, residência rústica... esta sua esposa?

**JPW** Permita-me concluir a minha tese, por favor.

**HOMEM IRLANDÊS** Estes mantimentos, dois copos na casa... esta sua esposa?

**JPW** Questões, se você tiver alguma, sobre o que foi mencionado, por favor...

**HOMEM IRLANDÊS** Você tem uma vida muito estranha aqui, sr. King...

**JPW** Senão, por favor, permita que eu continue.

CENA QUATRO

**HOMEM IRLANDÊS** Você é separado, sr. King? Divorciado?

**JPW** Bem, lá se vai a nossa sessão.

**HOMEM IRLANDÊS** Humm?

**JPW** Obrigado, isso é tudo por hoje. (*Ele abriu a porta.*)

**HOMEM IRLANDÊS** Não.

**JPW** Sim! Eu estou conduzindo as coisas por aqui.

**HOMEM IRLANDÊS** (*sorrindo, avaliando*) Humm? (*Então ele ri.*)

**JPW** (*blefando*) Ou... e eu estou relutante para sugerir isso...
você preferiria, talvez, que nós suspendêssemos a coisa
toda integralmente?

**HOMEM IRLANDÊS** Não...

**JPW** Sim!... E você tivesse uma restituição do seu dinheiro?...
Sim?

**HOMEM IRLANDÊS** (*considera, então acaba com o blefe de* JPW) *Sim.*

**JPW** ... Bem, uma restituição integral não vai ser possível.
(*Oferece o dinheiro que ele tem*) Seu nome será incluído
na conta da semana que vem para o resto.

**HOMEM IRLANDÊS** (*recusando o dinheiro*) Não estou interessado
no dinheiro... Então o que fazemos? Bem... (*Indo para*

## O CONCERTO DE GIGLI

*a porta. Fingindo que vai sair)* Continuamos amanhã? Depende de você.

JPW  Você não precisa ir neste instante. Precisa? Eu quero dizer, sábado... eu sou flexível. E nós estávamos nos aproximando de certas áreas perturbadoras há pouco e, francamente, uma verdadeira lástima interromper quando estamos no ponto de algo possivelmente... essencial. Humm? (HOMEM IRLANDÊS *concorda com a cabeça solenemente)* Beba um pequeno gole e vamos fazer uma pausa.

HOMEM IRLANDÊS  Bem, um pequeno gole.

JPW  Muito bem! Boa sorte!

HOMEM IRLANDÊS  Saúde!

JPW  Iniciar, parar, colocar na faixa, tirar da faixa, botões de repetição, belo aparelho.

HOMEM IRLANDÊS  Havia afinal alguma coisa em toda essa sua conversa?

JPW  Francamente, eu não consigo me lembrar de uma palavra.

*Risada.* JPW *fecha a porta. Eles estão ficando totalmente embriagados. Bebem durante as falas seguintes.*

CENA QUATRO

*Distraidamente, eles arrastam suas cadeiras para perto do aparelho e sentam-se lá, como se em volta de um fogo.*

HOMEM IRLANDÊS  Você não é casado. Assim como não existe casa, residência rústica, não existe esposa.

JPW  Eu também tenho direito a um pouquinho de fantasia.

HOMEM IRLANDÊS  Você não é casado!... Você não é casado!... Nunca foi!... Agora!

JPW  O seu triunfo dessa descoberta não é excessivo?

HOMEM IRLANDÊS  Agora! Eu aprecio as nossas sessões.

JPW  Eu também... (*Veladamente*) Mas existe uma mulher.

HOMEM IRLANDÊS  É?... Isso te deixou de joelhos?... Não é a moça, essa bela mulher que estava aqui?

JPW  (*veladamente*) Não.

HOMEM IRLANDÊS  É?

JPW  Você quer falar sobre mim?

HOMEM IRLANDÊS  Nada mais justo.

JPW  Você não está escrevendo um livro, Benimillo? Céus, você está rindo novamente!

O CONCERTO DE GIGLI

**HOMEM IRLANDÊS** Ela é uma beldade?... O quê?... Helen... É?

**JPW** Sim. Beldade: uma donzela casada, tímida, simples, graciosa, virtuosa, recatada.

**HOMEM IRLANDÊS** Sempre as casadas?

**JPW** Não. Eu sou azarado. A descoberta de que ela já era casada me deteve, mas, depois de seis meses, eu não pude me conter, e escrevi para ela minha declaração de amor. Uma coisa dessas para o rosto dela de madona estava fora de questão.

*A risada dele, pontuando a história, é deplorável e soa mais como um choro.*

**HOMEM IRLANDÊS** É?

**JPW** Ela solicitou uma entrevista que eu concedi em um estacionamento. A resposta da donzela casada recatada à minha declaração: "Por que os homens sempre me pegam de surpresa?". Eu fiquei sem palavras: o marido dela à distância, eu não fui o primeiro a notar a inocência atraente dela e o potencial doméstico. Quando me recuperei do choque disso, me dei conta de que estava sendo sincero a respeito dela. E comecei uma série de súplicas escritas e orais que iriam continuar por vários anos.

**HOMEM IRLANDÊS** Quantos?

CENA QUATRO

JPW Quatro. Tudo em vão... A coisa estava saindo do controle... Essa donzela casada simples estava mostrando-se uma combinação peculiar de comportamento assanhado e sedutor que, tendo me estimulado, imediatamente se transformou em resistência e rejeição. Ela era agora o meu único objetivo na vida, e eu negligenciei todo o resto. Você acreditaria, até mesmo um telefonema para o leito de morte da minha mãe. Eu estava obcecado.

HOMEM IRLANDÊS Dois filhos?

JPW (*assente com a cabeça*) Eu fiz um juramento: eu viraria celibatário, me manteria puro para ela. E acrescentei a precaução adicional de que me tornaria vegetariano e comeria somente alimentos saudáveis. E, além disso, jurei que se ela fosse pra cama comigo por uma horinha agradável, eu lhe retribuiria acabando com a minha vida ali mesmo.

HOMEM IRLANDÊS Você disse isso a ela?

JPW Por que não? Um presente de um medalhão não seria de muita utilidade nesse caso... Uma horinha agradável para permitir que minhas feridas sangrassem... E eu diria a ela no estacionamento, o quão extraordinário, você e eu vivos no Tempo, ao mesmo tempo. E ela diria: mas por que eu? Que destino está me perseguindo, que causa estragos nos corações dos homens, eles perdem

# O CONCERTO DE GIGLI

todo o cuidado por si mesmos, seus empregos, e todas as outras coisas.

HOMEM IRLANDÊS  Ela estava se divertindo.

JPW  Ela...

HOMEM IRLANDÊS  Oh, ela estava te conduzindo em uma dança feliz.

JPW  Não.

HOMEM IRLANDÊS  Oh, eu conheço as mulheres irlandesas.

JPW  Não.

HOMEM IRLANDÊS  Ela estava fazendo de você um verdadeiro otário.

JPW  Benimillo! (*Indicando a porta.*)

HOMEM IRLANDÊS  E ela ainda está.

JPW  Eu não vou aceitar isso! Não de você! Você é um homenzinho perverso e muito amargurado, e eu vou te agradecer se mantiver suas opiniões só pra você.

HOMEM IRLANDÊS  Ok! É?

JPW  Ela estava muito chateada.

CENA QUATRO

HOMEM IRLANDÊS Você disse que isso te deixou de joelhos.

JPW     Eu disse? Bem, isso ainda não está terminado. Ela me telefona todo santo dia!

HOMEM IRLANDÊS É?

JPW     Depois de vários encontros finais, ela solicitou um encontro final. Então nos encontramos. Um encontro apressado: ela tinha até se esquecido de tirar o avental que eu entrevi debaixo do seu casaco, e que estranhamente encheu-me de compaixão. Ela disse você é um homem extraordinário e adeus. Não lamente por isso, ela disse, mas você deve, você *deve*, me esquecer.

HOMEM IRLANDÊS Lamentar o quê?

JPW     Você não entende.

HOMEM IRLANDÊS Não lamentar o quê, você não fez nada.

JPW     Benimillo! Nós estávamos tendo um caso com os deuses! E apesar da agonia, fiquei admirado... sim, admirado... de que eu fosse capaz de uma intensidade prolongada dessas com relação a alguém, e com relação a alguma coisa, só para variar... Não lamente por isso, ela disse, mas você deve me esquecer, e embora nunca mais possamos nos encontrar novamente, eu me sentirei energizada a cada recorrência da sua memória. Felicidade e beleza não foram feitas para se acasalar.

O CONCERTO DE GIGLI

**HOMEM IRLANDÊS**  E foi isso?

**JPW**  Foi. Naquela noite eu encontrei, oh, alguém no supermercado, e assim se encerraram quatro anos de celibato.

**HOMEM IRLANDÊS**  Ah, elas são pessoas estranhas, as mulheres. Você consegue esquecê-la.

**JPW**  Bem, nós vamos terminar *nosso* servicinho primeiro, então vamos ver. (*Ele liga o toca-discos. Gigli cantando a Serenata*, de Toselli.)

**HOMEM IRLANDÊS**  (*"espere até você escutar a minha história"*) O nome dela era Ida. *(Seus gestos, embriaguez, tornando-se operísticos.)*

**JPW**  (*baixa o volume um pouquinho*) Humm?

**HOMEM IRLANDÊS**  O nome dela era Ida. Ela tinha uma voz grandiosa, uma voz encantadora quando falava, sabe, e eu senti uma atração por ela sem nunca ter posto os olhos nela.

**JPW**  Ela era uma locutora de rádio.

**HOMEM IRLANDÊS**  O quê? Não! Ela era uma telefonista. Eu nunca ousaria chegar perto de uma beldade daquelas, mas, afinal de contas, foi pelo telefone, e eu perguntei a ela se gostaria de dar um pequeno passeio. O jeito simples

CENA QUATRO

que ela disse sim... (*Deu a ele uma grande sensação.*) Eu nunca tinha saído com uma menina antes, mas passeei feliz da vida, em êxtase, sr. King, ao lado dela. Olhando os chafarizes, os monumentos, os... o quê?

*JPW começou a balbuciar, cinicamente.*

JPW   Milão? Macerata? Recanati?

HOMEM IRLANDÊS   Não! Mais tarde! Roma! Os mendigos mendigando, as moças inglesas lendo poesia, e as pequenas camponesas encantadoras, que trabalhavam como modelos dos artistas, esperando para serem escolhidas. O quê?

JPW   Dante?... A poesia... Nada. Você se casou com Ida?

HOMEM IRLANDÊS   Não! Eu tive que ir embora. Mas quando voltei, liguei para a central telefônica. Ela não trabalhava mais lá. "Ela estava se comportando de um jeito muito estranho ultimamente", uma das outras meninas do telefone me contou.

JPW   Comentário indiscreto vindo de uma colega.

HOMEM IRLANDÊS   O quê?

JPW   Continue.

HOMEM IRLANDÊS   Eu corri para casa dela.

# O CONCERTO DE GIGLI

**JPW** Morta!

**HOMEM IRLANDÊS** Não! Você vá embora, a mãe dela disse. Por favor, eu disse, deixe-me vê-la. Ida estava no hospital.

**JPW** Perto.

**HOMEM IRLANDÊS** Ela teve um colapso nervoso. O-o-o!

**JPW** Uma coisa dolorosa.

**HOMEM IRLANDÊS** Corri para o hospital e coloquei o pequeno buquê de flores sobre a cama dela e esperei que ela risse, ou chorasse, ou abrisse bem os braços para mim. Mas ela apenas virou a cabeça. A voz dela — não se parecia com uma voz absolutamente: cansada, fraca, sabe, distante. Você não entende, ela disse, não adianta.

**JPW** O que ela quis dizer?

**HOMEM IRLANDÊS** Eu briguei com eles, ela disse. Eles? A mãe e o pai dela. Esperei muito tempo, ela disse, mas eles disseram que isso os mataria. Então eu cedi. Depois comecei a desmaiar o tempo todo, ela disse, agora estou melhorando, mas eu prometi a eles.

**JPW** "Prometeu a eles o quê?" (*Imitando o* HOMEM IRLANDÊS.)

**HOMEM IRLANDÊS** Nunca te ver novamente.

CENA QUATRO

| | |
|---|---|
| JPW | "Mas por quê?"! |
| HOMEM IRLANDÊS | "Mas por quê?" Oh, nada, ela disse. Você é pobre, ela disse, eles dizem que pode ser também que eu me case com um mendigo, eles dizem que você vai acabar cantando nas ruas. |

JPW     Aha!

HOMEM IRLANDÊS Mas, Ida! Não insista, ela disse, devagar, ela disse, devagar. Eu mudei, ela disse, não adianta, percebe, não te amo mais. Eu não pude acreditar naquilo! Disparei daquele quarto, garoto. Nunca mais vi Ida novamente.

*A história dele de Ida se encerra com o final da Serenata, de Toselli — se possível.*

JPW     O que você acha de prostíbulos, Benimillo? Eu poderia te recomendar um muito bom. As pessoas lá se vestem de bispos e coisa e tal.

HOMEM IRLANDÊS Mas você não percebe: as semelhanças entre a sua história e a minha?

JPW     A minha história é sobre uma pessoa real que está viva, a sua história é papo furado. Do que você está rindo? (*Começando a rir também*) Do que você está rindo?

## O CONCERTO DE GIGLI

HOMEM IRLANDÊS Uma horinha agradável com ela, você disse, e você daria sua vida: eu daria minha vida por uma horinha agradável com a capacidade de cantar desse jeito.

JPW *(reservadamente, nada convencido)* Você daria?

HOMEM IRLANDÊS *(saindo sem muita firmeza)* Uma horinha agradável. *(Fora)* Uma horinha agradável.

JPW *sozinho. Ele tranca a porta.*

*A luz do fim do dia se instaurou durante o que se passou acima, agora se adensando mais para a luz da noite. Gigli — abafadamente — cantando "Cielo e mar", sincronizado para terminar com o fim da cena.*

JPW Você percebe, Benimillo, Deus criou o mundo a fim de criar a si mesmo. Nós. Nós somos Deus. Mas isso habilmente feito, ele começou a fazer aquelas declarações obscuras e enigmáticas. Na verdade, seu filho fez um monte da mesma coisa. A Última Ceia, por exemplo: o vinho, a conversa, vinho *judeu* sendo distribuído. *(Ele se-levanta sem muita firmeza)* Cristo ficando de pé, "Daqui a pouco vocês vão me ver, daqui a pouco vocês não vão me ver". Eles devem ter pensado que o homem estava bêbado. Mas ele tinha aprendido o dialeto do seu pai. Deus dando sua voltinha pelo Jardim do Éden, como nos contaram, e passando pelo inocente Adão, ele acenaria com a cabeça e diria: *(Ele acena com a cabeça e*

CENA QUATRO

*pisca)* "Eu sou quem sou". E isso estava ótimo, até que um dia Adão, bem ao modo de Newton, estava sentado embaixo de uma árvore e uma maçã caiu sobre sua cabeça dele, abalando seus pensamentos. "Seja o que for que ele quer dizer", Adão disse, "Eu sou quem sou?" E ele esperou até a próxima vez que Deus veio para uma voltinha, e ele disse, "Com sua licença!" — ou seja o que for que eles diziam naquele tempo. Eu tenho que saber. E ele colocou a questão para Deus. Mas Deus disse, "Fora, fora!". "Eu só perguntei!", disse Adão. Mas Deus disse, "Fora!". E, naturalmente, depois de uma expulsão grosseira, abrupta e despótica dessas, o vento foi retirado das velas intelectuais de Adão: não surpreende que ele não fosse capaz de aprofundar o assunto. O que é uma pena. Porque, a coisa assustadora, Deus estava enganado. Por que o que significa "Eu sou quem sou"? Significa este sou eu e é isso. Este sou eu e eu estou preso a isso. Percebe? Limitante. O que Deus devia estar dizendo, claro, era "Eu sou quem posso ser". O que é uma coisa diferente, que faz sentido — tanto para nós como para Deus —, que significa: eu sou o possível, ou se você preferir, eu sou o impossível.

MONA *chega do lado de fora e permanece, brevemente, tentando abrir a porta, bate e chama o nome dele. Ele a ignora e ela vai embora.*

MONA    Jimmy?... Jimmy?

# O CONCERTO DE GIGLI

JPW  Sim, está tudo absolutamente claro. Nós entendemos nossa culpa existencial, nossa definição de nós mesmos está certa desde o início — eu sou quem posso ser — e, enquanto isso, nossa chave paradoxal, o desespero, vai aumentando, aumentando em nossa piscina até o desespero total. Esse estado alcançado, duas escolhas. Primeira, ok, eu me rendo, eu espero pelo outro mundo. Ou, segunda, o que eu tenho a perder, e dou o salto, o mergulho dentro do abismo da escuridão para alcançar aquele estado do ser primordial, não em qualquer sentido teocêntrico confuso, mas como o ponto de origem no *aqui e agora* onde qualquer coisa torna-se possível. Agora você está acompanhando! (*Ele ri em comemoração*) E eu tenho mais três dias para fazer isso!

*Ele aumenta o volume: "Cielo e mar", encerrando esta cena triunfalmente.*

# CENA CINCO

*Um intervalo, se necessário, aconteceu e o quarteto de* Rigoletto[14] *introduz e continua durante esta cena.*

JPW *desgrenhado e exasperado;* HOMEM IRLANDÊS *também desgrenhado — inusitado para ele —, desnorteado e de ressaca.* JPW *trancou-se no banheiro:* HOMEM IRLANDÊS *está esmurrando a porta do banheiro.*

HOMEM IRLANDÊS Ela se foi, se foi, se foi, me deixou!

JPW Não me interessa, não me interessa, não me interessa!

HOMEM IRLANDÊS Eu vim ontem à noite, você não me deixou entrar! Eu sei que você estava aqui!

JPW *(fora)* Eu estava meditando!

HOMEM IRLANDÊS Ela levou meu filho!

JPW *surge com raiva, envolto em um cobertor.*

JPW Não me interessa! Nosso quarto encontro, faltam dois e, francamente, você está me confundindo e enchendo

---

[14] *Rigoletto*, ópera em três atos do compositor italiano Giuseppe Verdi (1813-1901), com libreto de Francesco Maria Piave (1810-1876), estreou no teatro La Fenice de Veneza em 11 de março de 1851.

# O CONCERTO DE GIGLI

meu saco. (*Avançando até o aparelho*) Jesus, este aparelho! (*Desliga-o*). Eu fui pra cama ontem à noite com o botão de repetir ligado. Acordei e ele ainda estava tocando. Deus sabe o que ele fez com meu cérebro! E falando em cantar, ouça... (*Acionando um botão para o final do quarteto*) Galli Curci:[15] ela é realmente a melhor coisa disso. (*Ele ouve as notas finais. Desliga o toca-discos*) Última nota celestial.

HOMEM IRLANDÊS Minha esposa me deixou!

JPW  Não me interessa! (*Ele vai para cama.*)

HOMEM IRLANDÊS Ela levou meu filho!

JPW  Não me interessa!

HOMEM IRLANDÊS Você vai me ouvir!

JPW  Ela vai ter retornado para casa antes de você esta tarde.

HOMEM IRLANDÊS Eu não a quero de volta!

JPW  Então está tudo bem!

HOMEM IRLANDÊS Eu nunca vou perdoá-la. Ela diz que está com medo de que eu vá machucar a criança. Eu nunca machuquei minha esposa! Então como ela pode dizer

---

[15] Amelita Galli-Curci (1882-1963), soprano ligeira italian,a considerada uma das melhores do século XX.

CENA CINCO

uma coisa dessas? Achei que eu estivesse muito bem quando saí daqui ontem.

JPW   Você estava bêbado.

HOMEM IRLANDÊS  Eu achei que estivesse muito bem ontem à noite, mas fui pego de surpresa novamente.

JPW   Ben-i-millo!

HOMEM IRLANDÊS  Eu comecei a gritar. Meu filho chorando na escada, "Ela só está tentando ajudar". Ela só está tentando ajudar! Foi corajoso da parte dele, garotinho corajoso, sim, mas ela só está tentando ajudar. Ela tinha ido lá pra cima, o rosto fatigado, pra cama, só tentando me ajudar? E eu estava me sentindo muito bem.

JPW   Você estava bêbado.

HOMEM IRLANDÊS  O quê? Eu *rugi* para a criança. Obscenidades. Garotinho corajoso. Mas agora ela tinha apanhado sua mala. E o levou com ela. O rosto dele no vidro traseiro, se afastando, lágrimas escorrendo pelo seu rosto, acenando tchau, tchau, como um bebê. E eu apenas fiquei lá, as luzes se afastando, não vá, não vá.

JPW   Você é um tremendo beberrão. Você é um *tremendo* beberrão.

# O CONCERTO DE GIGLI

**HOMEM IRLANDÊS** O quê? Eu disse pra você que eu era! Este não é o meu problema.

**JPW** (*partilhando com ele o que sobrou de uma garrafa*) Bem, é um problema esta manhã.

**HOMEM IRLANDÊS** E eu deixei o meu disco do Gigli aqui com você.

**JPW** Aqui, o derradeiro para curar a ressaca.[16]

**HOMEM IRLANDÊS** (*apanha o copo inconscientemente*) Eu não machucaria minha criança.

**JPW** Agora é domingo de manhã e você chegou — o quê? — três horas adiantado e, não sendo pessoas muito adeptas a ir à igreja, metade desta cidade ainda está sensatamente na cama. Mas você me acordou e, pagamento dobrado ou não, eu quero algo mais pelos meus esforços, então... Sim! Sexo, por gentileza.

**HOMEM IRLANDÊS** Eu não *acho* que eu machucaria meu filho. Ou ela.

**JPW** Eu vou te chutar para fora então. Meu primeiro encontro sexual foi em uma escola mista para crianças.

---

[16] "The last hair of the dog", no original. Trata-se de uma abreviação da expressão coloquial "hair of the dog that bit you", usada para se referir ao álcool que deve ser ingerido com o objetivo de diminuir os efeitos de uma ressaca. A expressão, originalmente, refere-se a um método de tratamento para mordida de cão raivoso, sobre a qual se deve colocar um pelo do animal, indicando assim que o remédio para curar o mal deve ser o mesmo que o causou.

CENA CINCO

**HOMEM IRLANDÊS** Minha esposa...

**JPW** Somente assuntos sexuais agora ou eu não vou te ouvir!

*Um conflito silencioso de vontades.*

**HOMEM IRLANDÊS** ... Maisie Kennedy.

**JPW** Sim?

**HOMEM IRLANDÊS** Ela me levou para o fundo da nossa horta onde ficavam as batatas.

**JPW** Sim?

**HOMEM IRLANDÊS** Bem, ela, então, meio que me deitou por cima dela, de modo que ficássemos escondidos entre os canteiros, e se manteve colocando balas na minha boca enquanto tentava introduzir o meu...

**JPW** Você está indo bem.

**HOMEM IRLANDÊS** Tentava introduzir o meu... o meu membro dentro dela.

**JPW** Sim?

**HOMEM IRLANDÊS** Eu apreciei as balas, mas meu membro era jovem demais para retribuir o agrado dela.

**JPW** Muito bom... percebe?... Você é totalmente normal.

O CONCERTO DE GIGLI

**HOMEM IRLANDÊS** Sexo não tem nada a ver com isso!

**JPW** Não pare agora... deixe tudo isso sair... A sua primeira vez, como é que foi?

**HOMEM IRLANDÊS** Eu tinha vinte e dois anos.

**JPW** Eu tinha vinte e três, um caso desajeitado... Desculpe-me.

**HOMEM IRLANDÊS** Eu fiquei muito excitado e quase corri depressa para casa para contar pro Danny. Danny era o próximo depois de mim em idade, eu era o mais jovem, e acho que ele sempre ficava um pouco constrangido com minha... inocência, eu acho. Ele estava adormecido, mas eu estava tão orgulhoso de mim mesmo e queria contar para ele, de modo que ele visse que eu não era um otário. E eu o acordei e contei para ele que eu tinha... feito aquilo. E ele apenas se virou e disse, "quantas vezes", e voltou a dormir... Percebe, o Danny (*"Existe uma história"*)... Percebe, meu irmão mais velho tinha escolhido o Danny como aquele a ser mandado pra escola, a ser educado. Mas eu não acho que a escola servisse pro nosso Danny. Mas eu não acho que meu irmão mais velho quisesse admitir isso. Mas com meu pai doente, e depois morrendo, meu irmão mais velho tinha assumido o comando e se tornado uma espécie de tirano.

**JPW** Este seria o Abramo?

CENA CINCO

HOMEM IRLANDÊS Mick. Mick nos amedrontava a todos. Gritando, chutando a bicicleta dele. Chutando as portas, gritando. Minha mãe achava que ele era o máximo. Ele também costumava alardear sua erudição. "Alguém pode me dizer qual era o sobrenome de Santa Bernadete?" "Soubrou", ou o que fosse. Imagine, ele costumava aplicar provas pro Danny. De aritmética, suponho. E eu ficava sentado quietinho, na esperança de que o Danny, trancado lá em cima naquele quarto, passasse no exame do Mick... E o Danny estava sempre tentando me ensinar... Ladino, eu acho. O sentimento das ruas. Ele costumava me dizer pra nunca confiar em ninguém, e que tudo está baseado no ódio. Ele costumava me dizer que quando eu crescesse, se alguma vez entrasse em uma briga com o Mick, para tomar cuidado, que o Mick usaria um ferro de atiçar brasas. Suponho que ele sabia que nunca estaria preparado pro Mick, a menos que atirasse nele, ou o esfaqueasse. Mas nós não fazíamos as coisas desse jeito... Eu queria ser padre. Eu estava louco, tinha treze anos. Mas alguma noção na minha cabeça sobre... dedicar?... minha vida aos outros. Mas o Mick em consulta com minha mãe — e acertadamente — disse espere uns dois anos. E um dia — e os dois anos não tinham passado — e o Mick estava mal-humorado. E ele tinha batido no Danny naquele dia por uma coisa ou outra, e eu tinha ido lá pra fora. Oh, apenas ali fora, sentado em um pedacinho de grama. E... Existe apenas duas flores para crianças

O CONCERTO DE GIGLI

com o meu tipo de formação. A margarida e... aquela amarela.

JPW A prímula.

HOMEM IRLANDÊS A prímula também... o botão de ouro. Oh, apenas sentado lá, colhendo-as na grama. E o Mick saiu. E quanto ao sacerdócio, ele disse. Eu tinha mudado de ideia, mas não contei pra ele. Eu disse... eu fiquei de pé. Os dois anos não se passaram, eu disse. Mas ele sabia que eu tinha mudado de ideia e disse você é um idiota, e me espancou. Eu sabia qual era a dele, eu estava aprendendo. Naquele dia o sacerdócio teria dado um pouco de status à minha família. Mas infelizmente para a família, naquele dia eu tinha mudado de ideia... Oh sim, as flores. E... eu ainda tinha esse buquezinho de flores. Na minha mão. Acho que eu não dei a mínima para as flores. Algumas... margaridas, e... aquelas amarelas. Mas o Danny — ele tinha dezoito anos! — E ele estava lá dentro, chorando. E essa era a única coisa em que eu conseguia pensar. (*Ele está apenas, simplesmente, tentando reter as lágrimas*) E... e... eu levei a porra das flores para o nosso Danny... onde quer que ele esteja agora... e eu disse, qual você acha que é mais bela? A mais linda, sabe? E o Danny disse: "A mais bela?", como uma faca. "A mais bela? Você é idiota? Para que serve a mais bela?" Para que serve a beleza, sr. King?

CENA CINCO

JPW  (*delicadamente*) Dois milhões de libras mais tarde, Benimillo?

HOMEM IRLANDÊS  Na verdade, um pouquinho mais.

JPW  James, Jimmy.

HOMEM IRLANDÊS  Mas eu me desviei do seu tema, sr. King.

JPW  Não faz mal. Você gostaria de uma xícara de chá? (HOMEM IRLANDÊS *assente com a cabeça*) E eu aposto que você não tomou o café da manhã. Tck! Você precisa de comida. (*Ele se levantou novamente e vestiu as calças.*)

HOMEM IRLANDÊS  Eu acho que eu deveria ir para casa. (*Mas ele não se move*) Você tem irmãos e irmãs?

JPW  Não. Apenas eu.

HOMEM IRLANDÊS  E você nunca voltou para ver sua mãe antes que ela morresse?

JPW  Oh, mamãe não está morta. Ela tentou tirar a vida quando papai morreu. Ela o amava. Embora seus mundos fossem mundos distintos. Mas eles a trouxeram de volta. Ou ela regressou. Realmente extraordinário, porque ela sempre foi muito frágil. E aparentemente ela estava chamando pelo meu nome.

HOMEM IRLANDÊS  Por que você nunca voltou desde então?

O CONCERTO DE GIGLI

JPW      Não com o rabo entre as pernas, Benimillo. O que seu irmão fazia, o autoritário Mick?

HOMEM IRLANDÊS  Oh, alguma coisa equivalente a juntar merda.

JPW      Deixe-me tirar algumas dessas coisas do caminho. Um jovem frustrado...

HOMEM IRLANDÊS  Ele não era jovem, ele estava na casa dos trin... (*Trinta*). Ele não era jovem.

JPW      Você toma com açúcar? Mick dificilmente teria vinte anos naquela época. Tinha um pacote bem cheio de "comelackt shoekree erin" (*Comhlucht Siuicre Eireann, açúcar*) por aqui em algum momento.

HOMEM IRLANDÊS  Eu não me sinto inclinado a perdoar ninguém. E nunca vou perdoá-la por ontem à noite.

*Ele continua imóvel durante as falas seguintes, o tempo todo com o rosto voltado para a janela ou para a porta de entrada.* JPW *prepara o chá.*

JPW      Chaleira? (*Que está em sua mão*) Esta é a chaleira. Água? (*Verifica a chaleira*) Esta é a água. (*Ele conecta a chaleira na tomada*) Sim. E mamãe, ainda que eu estivesse ocupado com outra coisa quando ela estava me chamando, sabia que eu a amava. Sim. Agora vou lavar minha melhor porcelana.

*Ele vai para o banheiro com duas canecas.*

CENA CINCO

**HOMEM IRLANDÊS** Sintetizando?

**JPW** (*fora*) O quê?

**HOMEM IRLANDÊS** (*início de um rugido*) Sintetizando!

**JPW** (*fora*) Oh! Eu acho que você é um baixo!

**HOMEM IRLANDÊS** (*um sibilo*) Eu odeio! Eu o-o-o-deio...

> *A mão dele agarrando alguma coisa no bolso. Alguns gemidos escapam... Fixo, paralisado em sua posição, ele começa a gritar, rugidos desarticulados e selvagens de ódio impotente, para a porta de entrada... evoluindo para soluços que ele não consegue evitar... Ele está de quatro. Soluços secos horríveis, e ritmados, como se viessem das entranhas da terra. JPW emerge, lentamente, do banheiro, os olhos arregalados. Os soluços continuam.*

**JPW** Sim... sim... é isso, Benimillo... É assim que tem que ser... Deixe sair tudo... Deixe sair tudo... Segure a minha mão... se você quiser... Nós todos te amamos, Benimillo... Muito bom... Isto está muito bom.

**HOMEM IRLANDÊS** (*os soluços diminuindo com as lágrimas*) Desculpe.

**JPW** Eu sei.

**HOMEM IRLANDÊS** Eu sinto muito.

**JPW** Eu sei.

O CONCERTO DE GIGLI

**HOMEM IRLANDÊS** Eu sinto muito.

**JPW** Eu sei... e você está tão cansado... Eu sei.

**HOMEM IRLANDÊS** Para cantar? Para cantar?

**JPW** Eu sei. Nós vamos fazer isso.

**HOMEM IRLANDÊS** Para cantar. (*Os soluços terminam, lágrimas e risada. Ele deita-se na cama.*)

**JPW** Santo Deus!... O quê!... Deus do céu! Eu nunca ouvi um choro desses! O quê? Jesus amado! Valha-me Deus! Nossa Senhora! Tinha algo... o quê! E a chaleira está fervendo! (*Atende a chaleira, faz o chá*) E nós vamos ter um pouquinho de música daqui a pouco. Na verdade, a minha pior experiência sexual não foi a primeira, ou a segunda, ou a terceira. Foi com uma dessas virgens pela metade. Uma alma simples, que Deus a abençoe. Mas ela pensou que estávamos destinados ao altar e, consequentemente, estava se protegendo da possibilidade de um ataque pós-matrimonial. Porque ela não tinha permanecido completamente *virgo intacta* para mim, seu futuro marido. O moço da estrebaria tinha introduzido lá quando ela tinha apenas catorze anos, ela me contou. "Eu acho que ele fez em mim pela metade", ela disse, "mas o papai apanhou ele." Apanhou ele onde, eu me pergunto? Bem, minha menina, eu disse, agora você pode finalmente se sentir segura com

CENA CINCO

o fato de que acabei de fazer em você devidamente. E eu a parabenizei por ter recebido da minha boa pessoa o selo oficial e a aprovação de uma relação sexual plena. Seu rosto simples ficou decepcionado. Então aquilo era daquele jeito, ela perguntou. A coisa assustadora, eu tinha trinta e um anos de idade naquela época. Fiquei com alguns complexos por um tempo, posso te garantir. Agora, um pouquinho de música. (*Ele liga o aparelho: Gigli cantando "Agnus Dei"*) E o chá... Benimillo?... Benimillo?

HOMEM IRLANDÊS *está adormecido na cama. JPW o cobre com um cobertor. Então ele vê o chapéu do* HOMEM IRLANDÊS, *tem uma ideia, apanha-o e o esconde. Ele senta-se com seu chá, lendo um livro. As luzes vão enfraquecendo para a luz da noite. JPW acende a luminária para leitura. O "Agnes Dei" funde-se com "Cangia cangia tu voglie", de Fasolo.*[17] HOMEM IRLANDÊS *acorda. Certa repugnância ao se encontrar naquele ambiente e na cama de* JPW.

JPW     Acordou finalmente. Você precisava deste sono... Humm? (HOMEM IRLANDÊS, *discretamente, pede permissão para lavar as mãos no banheiro. Ele sai para o banheiro*) Sintetizo? Ou devo fazer um pouco de chá fresco?... A verdade é: nós nos tornamos amigos rapidamente... O quê? (*O relógio da igreja bate oito horas.* HOMEM

---

[17] Giovanni Battista Fasolo (1598-1664) foi um frade-compositor franciscano que ficou conhecido, principalmente, por tocar em seu órgão, muito mais simples do que os usados em Veneza, em pequenas igrejas paroquiais.

IRLANDÊS *entra. Um breve olhar ao redor, procurando por seu chapéu)* Amanhã começamos a transcender algumas coisas, terça você canta... Seu disco! Você vai precisar dele esta noite. (HOMEM IRLANDÊS *saiu pela porta)* Vejo você amanhã!... Ao meio-dia?

*Mas* HOMEM IRLANDÊS *se foi. As quatro paredes, a garrafa de vodca vazia. Ele considera o telefone. Faz o ajuste habitual na caixa de conexão, então muda de ideia sobre fazer uma ligação (mas se esquece de fazer o reajuste na caixa de conexão). Ele exibe o chapéu do* HOMEM IRLANDÊS *e se senta, uma gravata balançando inconscientemente em sua mão. Gigli continua cantando "Cangia, cangia, tu voglie" até o final.*

# CENA SEIS

*Consultório vazio, toca-discos desligado, o relógio da igreja bate meio-dia. JPW entra apressado. Ele acrescentou a gravata velha, adotando um estilo menos casual, e está usando o chapéu do* HOMEM IRLANDÊS. *Ele está satisfeito que tenha conseguido voltar para o consultório a tempo e está se organizando na expectativa da chegada do* HOMEM IRLANDÊS. *Ele liga o toca-discos. Um saco de papel em um de seus bolsos e um quarto de garrafa de vodca... Espera... Afrouxa a gravata... Bebe um gole de vodca... Olha para fora da porta, da janela...*

JPW      Benimillo... Benimillo...

*Gigli cantando "Puisqu'on ne peut pas fléchir". As luzes vão se apagando.*

# CENA SETE

*A porta se abre.*
HOMEM IRLANDÊS *entra com raiva.* JPW *está adormecido.*

HOMEM IRLANDÊS  Sr. King!

JPW    Humm?

HOMEM IRLANDÊS  Sr. King!

JPW    Quem está aí?

HOMEM IRLANDÊS  Eu gostaria de ter uma palavrinha com você.

JPW    Que horas são?

HOMEM IRLANDÊS  Sr. King!

JPW    Entre.

HOMEM IRLANDÊS  Já estou dentro! (*Ele desliga o aparelho.*)

JPW    (*inteiramente desperto*) Benimillo! Entre, meu amigo, sente-se!

HOMEM IRLANDÊS  Eu vou ficar de pé, se você não se importar.

O CONCERTO DE GIGLI

JPW     Benimillo!

HOMEM IRLANDÊS  Sr. King...

JPW     Eu tenho histórias para você, tenho as guloseimas para
você!

HOMEM IRLANDÊS  Sr. King!...

JPW     Você nunca me deixa abrir a boca!

HOMEM IRLANDÊS  Sr. King, isso já foi longe demais. Mas antes de
entrar nisso, eu gostaria de dizer alguma coisa sobre
ontem.

JPW     Que dia é hoje?

HOMEM IRLANDÊS  Você pode pensar que consegue ler minha
mente, bem, não consegue.

JPW     O quê?

HOMEM IRLANDÊS  Homens melhores tentaram e fracassaram.
Homens maiores e jogos melhores do que esse... Ou
tentaram me influenciar com coisas enganadoras,
hipnose e similares, suponho... Bem, você não consegue. Eu faria você se perder e se achar. Eu sei o que
você anda tramando.

CENA SETE

**JPW**  Oh, ontem! Você não deveria se sentir envergonhado por ontem.

**HOMEM IRLANDÊS**  Eu não estou... Eu pareço envergonhado pra você?

**JPW**  Incontinência emocional. As pessoas desmoronam aqui o tempo todo, meu amigo.

**HOMEM IRLANDÊS**  Quem desmoronou?

**JPW**  Então foi o gato Korky[18] talvez?

**HOMEM IRLANDÊS**  Oh, sim, piadas baratas, brincadeiras...

**JPW**  Eu achei que tivemos um dia formidável ontem!

**HOMEM IRLANDÊS**  Escute aqui, eu apenas gostaria que você soubesse de uma coisa, garoto, que eu tive uma infância muito feliz, você gostaria de sugerir o contrário, mas eu estou te sacando. Privado do meu pai, sim, mas minha mãe, minha mãe, Deus tenha misericórdia dela, *gostava* muito do meu pai, e eu com frequência a vi chorando. Com frequência ela me contava, lágrimas nos olhos, como meu pai foi bom pra mãe dele quando a mãe dele ficou velha e decrépita, lágrimas nos olhos... Como meu pai dormiu no mesmo quarto — na mesma

---

[18] "Korky the cat" é um personagem fictício da revista em quadrinhos britânica *The Dandy*, que apareceu pela primeira vez em 4 de dezembro de 1937. As várias edições acompanham as aventuras de um gato preto que se comporta como humano, mas que só começa a falar na edição de n. 149, de 5 de outubro de 1940.

cama! — da mãe dele, para tratar e tomar conta de todas as necessidades dela. Lágrimas nos olhos da minha mãe me contando isso, garoto. Uma infância muito feliz.

JPW     Isso é bom! Você já está no estágio seguinte, transcendendo, festejando o passado. (*Oferece uma bebida a ele.*)

HOMEM IRLANDÊS   Festejando o... Não, eu não quero sua bebida... E então para as histórias indecentes e depois me interrogue para mais informação. E o Mick... Mick!... Mick era um bom cantor... quando ele queria. "A Pérola de Seios Nevados",[19] garoto. Achei que você deveria saber.

JPW     A sua esposa retornou?

HOMEM IRLANDÊS   O quê! Isso é da sua conta? Perdendo meu tempo e meu dinheiro como se ele crescesse em árvores. Eu mesmo deveria ter resolvido isso, como eu sempre faço, mas que otário, eu vim até você. Por que você está sorrindo?

JPW     Eu não estou. (*Mas ele está inclinado a rir.*)

HOMEM IRLANDÊS   Sr. King... Sr. King! Você não fez nada. Agora eu acho que mereço algo mais pelo meu tempo e dinheiro.

---

[19] "Snowy Breasted Pearl" é a primeira faixa do disco *Let the People Sing*, lançado em 1972 pela banda irlandesa de música de protesto The Wolfe Tones, fundada em 1964, mas que também incorpora elementos de música tradicional. A letra da canção discorre sobre um homem que deseja uma mulher que ele nunca terá.

CENA SETE

Antes que eu vá, há alguma coisa que você possa me dizer? Por que você está rindo?... Você está rindo porque não sabe, ou porque existe alguma coisa engraçada?

JPW  Eu achei que você não fosse aparecer.

HOMEM IRLANDÊS  Isso é tudo que você tem pra dizer?

JPW  Bem, alguém te falou que você parece vinte anos mais jovem desde que começou a vir até mim?

HOMEM IRLANDÊS  Não falaram. Algo mais?

JPW  Bem, você parece.

HOMEM IRLANDÊS  E é isso? Patético. Eu disse a você no início que tenho pouco ou nenhum tempo para psiquiatras, agora, eu não tenho absolutamente tempo nenhum para impostores. E, sim, minha esposa voltou. E, sim, eu fiz minha primeira tentativa em meses de puxar conversa com ela na hora do almoço. Eu disse a ela que estava simplesmente morrendo de tédio: ela tomou isso como uma reflexão a respeito dela mesma e saiu da sala aos prantos. Você não seria capaz de explicar isso também, suponho? Eu a deixei lá... Por que não deixaria?... E dirigi até o campo sozinho, a primeira vez em meses, a natureza toda, linda à minha volta, ótimos locais para empreendimentos imobiliários. Eu vou construir mais mil? Não, já tomei minha decisão sobre isso. A vida é mais do que me matar de trabalhar

## O CONCERTO DE GIGLI

ou disputar e negociar com aquele bando criminoso de supostos pigmeuzinhos napoleônicos dos dias de hoje que estão no topo. Deixe que eles tenham lucro. Eu preciso de uma lufada de ar fresco. Parei o carro e saí, e meu outro único, último chapéu voou... (*Vê seu chapéu*)... Jesus, aqui está o outro! Bem, foda-se a porra dos chapéus! (*Ele arremessa o chapéu para longe dele.*)

JPW  Bis! Bis!

HOMEM IRLANDÊS  O quê? Hah?

JPW  Eu não esperava isso até amanhã, mas não está totalmente Gigli, ainda.

HOMEM IRLANDÊS  Olhe, sr. King, fique avisado. Eu poderia ter te prendido, assim, com um telefonema. Mas por que sair gastando um bom dinheiro com coisa ruim? E a culpa foi minha. Eu apenas não consigo superar o que deu em mim para vir a um lugar como este, quando eu mesmo posso me curar, como fiz da última vez.

JPW  Última vez?

HOMEM IRLANDÊS  *E* da vez anterior!

JPW  Com que frequência você fica deprimido?... Infeliz.

HOMEM IRLANDÊS  Não que isso seja da sua conta, mas sendo o homem esperto que você pensa que é, e porque eu

CENA SETE

posso fazer o que você não pode, vou te contar. Uma vez a cada ano ou dois. A última vez, eu apenas saí e me escondi em um canto — a gente aprende bastante com os animais — como um cachorro em um canto, você não conseguiria me arrancar dali, e fiquei lá lambendo minhas feridas, até que eu me curasse.

JPW    Você deveria ter me contado.

HOMEM IRLANDÊS  Da vez anterior, garoto, eu me enveredei pelo seu território, libertinagem, sr. King: peguei gonorreia no decurso do tratamento, mas me curei.

JPW    E da próxima vez?

HOMEM IRLANDÊS  Já estou ansioso por ela!

JPW    Você deveria ter me contado.

HOMEM IRLANDÊS  Sobre o quê?

JPW    O padrão!

HOMEM IRLANDÊS  Isso teria feito toda a diferença, não teria?

JPW    Você me disse que queria *cantar*!

HOMEM IRLANDÊS  Eu disse. Das outras vezes, eu queria fazer outras coisas.

# O CONCERTO DE GIGLI

JPW      Sapatear? (HOMEM IRLANDÊS *ri dele*) E eu contei a alguém hoje de manhã que essa era uma aspiração única, pegar ou largar, que não existia um padrão... Porque foi o que você me contou!... E como seria incrível alcançar isso.

HOMEM IRLANDÊS    E eu paguei pelo sigilo, hah?

JPW      Serei mais cauteloso da próxima vez, Benimillo.

HOMEM IRLANDÊS    Vou me lembrar disso. Charlatão, impostor, parasita! E, sabe, este chiqueiro fede: você deveria dar uma limpada nele. Sintetizo?

JPW      ... Sim. Ano passado, senhoras, libertinagem e gonorreia, este ano, a grande ópera e eu. E eu não *fiz* nada? (*Exibindo livros de vários lugares*) Aqui, são seus. Kiekegaard, leia isso, dê um sentido para isso, roubados da Biblioteca da Zona Sul. Aqui, Jung, Freud, Otto Rank, Ernest Becker, Stanislav Grof, doações anônimas para o seu caso, cortesias da Eason, Greene... do Trinity College![20] Heidegger, tente sentar-se com ele a noite inteira para uma companhia divertida. O que é isto? Não! Não, este você já tem: *Memórias de Beniamino Gigli*... Ida o tratou mal, com certeza. Espere! (*Ele fecha a porta, batendo com força*) Este te pertence, você me contratou para conseguir isto, e não

---

[20] Eason e Greene são livrarias populares de Dublin; e o Trinity College é uma das mais conhecidas e antigas universidades irlandesas, fundada em 1592, e localizada no centro da cidade.

CENA SETE

existe uma biblioteca ou livraria decente em Dublin que eu não tenha visitado na surdina para obter isto pra você. Eu estou sintetizando, é a minha vez, e nada mais justo.

Você sabe como é difícil conseguir uma consulta com um psiquiatra em cima da hora? Eu consegui *duas* hoje de manhã. Eu, como você, cheguei cedo para uma consulta e vi o próprio chefe entrando no consultório dele. Eu me esgueirei atrás dele, usando o seu chapéu, minha mão no bolso... Como você faz. O chefe pensou que ele estivesse em apuros! Caí de joelhos, minhas mãos para cima, para tranquilizá-lo. Eu disse: eu quero cantar como Gigli, meu pai é sapateiro, bis-bis-bis, você pode me ajudar? O chefe, em um sussurro, "Só um instante. Com licença". Por sorte eu fui para o buraco da fechadura, ele estava reunindo seus homens e delegando outros para preparar uma cela acolchoada. Eles quase me pegaram. Saí porta afora; nos fundos, me deparei com o bando perseguidor, para fora novamente, três vezes em volta do jardim, me escondi em um arbusto, da família dos bérberis... Olhe os arranhões! Até que eu deduzi que eles tinham deduzido que eu tinha escapado. Mas eu tinha que entrar lá novamente, uma consulta oficial para as quinze pras dez. Não poderia arriscar pela porta da frente, ou pelos fundos, então o que mais havia para fazer! Entrei pela janela da sala de espera. Restavam dois pacientes esperando — *curados!*

O CONCERTO DE GIGLI

Aguentei as pontas apoiado no Beano[21] até que fui chamado para o consultório da terceira assistente do psiquiatra, onde eu... você... *Mickeleen O'Loughlin* tinha uma consulta. A psiquiatra era uma senhora de idade... Apenas um pouquinho madura demais, mas essa foi a última coisa em minha mente. Eu quero cantar como Gigli, nasci em Recanati, bis-bis-bis, você pode me ajudar? Eu era homossexual? Contei a ela sobre Ida. Eu estava *certo* de que não era homossexual? Ela tinha a essa altura tirado os sapatos, não muito adequados para uma senhora da idade dela, embaixo da escrivaninha, e estava agora retirando os óculos para chupar maliciosamente as duas hastes. "Diga-me, sr. O'Loughlin, o que você espera de mim?", ela disse suavemente. Eu interpretei mal... Estava perdendo a coragem: disse a ela que achava que ela era linda. Não, ela disse, eu esperava medicação, análise ou terapia dela? Posso tomar um copo d'água e uma aspirina, por favor, eu disse, e enquanto eu a mantinha ocupada, estava agora roubando as seis folhas que precisava do bloco de receitas dela. Só Deus sabe o que era aquela aspirina, não estou me sentindo bem o dia inteiro. Mas eu a tomei... *ruidosamente!*... Demonstrando minha grande preferência, acima de tudo, por medicação. Porque nós, Benimillo, temos sido muito relapsos, negligenciando tão completamente re-

---

[21] Trata-se de uma marca de suplemento alimentar, com base em enzimas, usado para reduzir os gases no trato digestivo, melhorando assim a digestão e evitando inchaços e flatulências.

CENA SETE

correr ao poder da medicação para cantar como Gigli, e eu me empenhei em indagá-la sobre o tema. Oh, e você sabe os honorários dela? Trinta libras!... Hummm?... Por vinte e cinco minutos! Eu achei que seria tudo de graça! Cheque ou dinheiro? Mande-me a conta, eu disse... Dei o meu endereço correto também... Simplesmente não consegui pensar com rapidez suficiente: a surpresa de que alguém conseguia fazer fortunas enormes com este jogo, somadas as complicações adicionais, a voz do chefe outra vez no saguão: ele estava acalmando seus homens, e eles estavam quase de volta ao normal. Mas eu não podia arriscar: eles são pessoas muito dedicadas, e eu não tinha a força adicional para correr, caso eles ficassem excitados novamente. Então, obrigado, para a boa senhora e, com licença, enquanto eu saía de fininho para o jardim de rosas pela janela *dela*.

HOMEM IRLANDÊS Eu sinto muito.

JPW De modo algum.

HOMEM IRLANDÊS Eu estou...

JPW De modo algum.

HOMEM IRLANDÊS Eu não achei que...

JPW Tudo parte do serviço.

HOMEM IRLANDÊS Eu venho te ver amanhã.

O CONCERTO DE GIGLI

JPW     Amanhã não.

HOMEM IRLANDÊS   Eu não tive a intenção...

JPW     Você teve a intenção! Eu não terminei! Aqui, estes também são para você... (*O pequeno saco de papel com o qual ele retornou: comprimidos*) Balas, conseguidas com receitas falsificadas. Insidon, antidepressivo, um três vezes ao dia fará você alcançar um Dó maior. Se você descobrir que eles não fizeram com que terminasse o dia cantando... Onde está o meu acima de todos?... Aqui, Nobrium... nome excelente para esse tipo de coisa, seja quem for que pensou nisso. E o que são estes? Aqui... Não, estes são para mim mesmo: Frisium, para recuperar os meus cabelos (*Ele toma alguns*) ... E para tranquilizar meus nervos. Desculpe-me, mas eu realmente preciso desses porque não tenho tido um instante de paz ou uma hora decente de sono desde que pus os olhos em você.

HOMEM IRLANDÊS   Jimmy.

JPW     Não! Você teve a intenção! E você está totalmente certo em ir entrando aqui com quatro horas de atraso. É um chiqueiro, eu sou um charlatão e um impostor, e *nunca* realizei *nada* na minha vida! E idiota, você deixou de fora. Eu até estudei o papel do barítono do dueto nessa coisa aí... E eu sou tenor!... Pensei que podíamos fazer um esforço juntos amanhã. *Eu sou o tenor!*

CENA SETE

**HOMEM IRLANDÊS** Eu falei o que não devia.

**JPW** E essa arma com que você tem estado a me aterrorizar.

**HOMEM IRLANDÊS** Que arma?

**JPW** E estou certo de que haverá um mandado para me prender.

**HOMEM IRLANDÊS** Que arma?

**JPW** Sua carta na manga, a palavra final, essa arma no seu bolso com a qual você tem ameaçado atirar em si mesmo, ou em mim... Nunca soube qual.

**HOMEM IRLANDÊS** Isto? (*Ele exibe um pequeno frasco cilíndrico com comprimidos*) Mandrax, comprimidos para dormir. (*Ele os atira no cesto de lixo.*)

**JPW** ... Você acha que me *pegou* então?

**HOMEM IRLANDÊS** Não.

**JPW** Você acha que venceu?

**HOMEM IRLANDÊS** Não. Não.

**JPW** Bem, você não venceu! Você foi até o fim?

**HOMEM IRLANDÊS** Eu venho...

O CONCERTO DE GIGLI

**JPW**   É isso que você chama de ir até o fim?

**HOMEM IRLANDÊS**   Eu venho para te ver...

**JPW**   Bem, você não venceu!

**HOMEM IRLANDÊS**   Quando você estiver mais calmo.

**JPW**   Você não venceu!

**HOMEM IRLANDÊS**   Quando você estiver...

**JPW**   Melhor não. Não!... Não. (HOMEM IRLANDÊS *sai.*) Você não venceu, Benimillo. Eu não terminei.

*Ele liga o toca-discos. Gigli cantando "Tu che a Dio spiegasti l'ali" de* Lucia De Lammermoor,[22] *com baixo e coro. Ele emite alguns uivos deploráveis em uma tentativa de cantar. O telefone toca. Ele se aproxima cautelosamente, como um homem se aproximando de uma armadilha, e levanta o fone.*

Alô?... Quem?... Helen?... Helen! Você ainda está aí?... Bem... Eu estou muito bem. (*Veladamente, "Helen!"*) ... Não, eu ainda estou aqui, eu apenas não consigo, quero dizer... Helen!... O quê?... Música. Beniamino Gigli... Você já ouviu falar dele? É mesmo? (*Riso festivo*) Nasceu em Bunratty! (*ou Killarney*)... Não, eu estou rindo porque,

---

[22] Ópera em três atos de Gaetano Donizetti (1797-1848), com libreto de Salvatore Cammarano (1801-1852), baseada no romance *The Bride of Lammermoor* [*A noiva de Lammermoor*], de Walter Scott (1771-1832). A estreia ocorreu no Teatro San Carlo, em Nápoles, Itália, em 26 de setembro de 1835.

CENA SETE

quero dizer, como você está?... Qual é o problema?... Por que você está chorando?... Por que você está... Como?... Eu não te liguei ontem porque... Eu não te liguei antes de ontem porque... Você me pediu para não ligar. Prometi que não ia te ligar. O quê?... (*Chocado*) Eu sou *o quê?*... Obsceno? Eu nunca fiz uma ligação obscena pra você... E se algum dia eu voltar a te ligar, você deve... Mandar a polícia!... Alô?... Alô? (*Ele desliga o telefone*) Mas que inferno.

*Ele está estupefato... Lembra-se dos comprimidos de Mandrax e está de quatro vasculhando o cesto de lixo em busca deles.* MONA *chega.*

MONA      Bem, amado! Algumas pilhas para o seu barbeador e um presente. (*Ela coloca as pilhas, um vaso de planta e uma garrafa de vodca sobre a escrivaninha, e deixa uma bolsa de pernoite em algum lugar. Ela vai até o toca-discos*) O que é isto?

JPW      (*distraidamente*) Eu estou muito ocupado agora, Mona. Mas que inferno. (*Ele encontra o frasco com os comprimidos de Mandrax; está meio amedrontado com eles; então se torna consciente de* MONA *e aliviado pela presença dela. Ele coloca o Mandrax no bolso*) Mona! Você não iria acreditar nisso, as pessoas são loucas! Você é seguramente o único ser humano normal no mundo! (*Ele veio por trás dela e envolveu sua cintura com os braços. Ela gosta da sensação dos braços dele em torno dela, mas a nuvem de sua tristeza secreta passa pelo seu rosto)* E como vai a Karen-Marie, sua afilhada?

MONA    Que afilhada?

JPW    *(sem ouvir)* Isso não é interessante?

*A música "Tu che a Dio spiegasti l'ali" vai se fundindo com "Caro mio ben", conduzindo à cena final.*

# CENA OITO

JPW *e* MONA *vestidos como antes* — MONA *sem o seu casaco e luvas* —, *deitados na cama, algo de infantil neles, encolhidos juntos, os olhos no toca-discos, ouvindo a música. Gigli cantando "Caro mio ben", seguido de "Amarilli".*

MONA   Esta é a quarta... quinta?... vez seguida. Você poderia ir embora por um ano com essa coisa ligada, e ela ainda estaria tocando quando você voltasse.

JPW   É.

MONA   O que ele está cantando, o que está dizendo agora?

JPW   A gente não precisa saber, tanto faz o que a gente goste...

MONA   Adorado.

JPW   Se a gente gosta.

MONA   Porque tudo acaba.

JPW   Sim. Mas que, pelo menos, nós terminemos amigos. Pelo menos isso.

O CONCERTO DE GIGLI

MONA    Porque tudo acaba afinal. E o que isso importa... O que isso importa!... Se tudo acaba agora, alguns segundos mais cedo, pelo amor de Deus!... Jimmy.

*Ele oferece a ela a garrafa de vodca, distraidamente. Ela recusa. Ela olha no seu relógio.*

JPW     Porque a gente está respirando agora, neste instante... Vivos no Tempo, ao mesmo tempo, enquanto eu... E eu posso simplesmente prender a respiração com esse pensamento.

MONA    Isso é belo.

JPW     Adorada.

MONA    Por que você não me chama assim?... Existe alguém ou alguma coisa te ferindo profundamente, e eu não posso fazer nada sobre isso.

JPW     (*um novo pensamento*) Não. Isso é o que eu *costumava* pensar. (*Oferece a garrafa para ela novamente*) *Você* e eu estamos vivos no Tempo, ao mesmo tempo.

MONA    Eu não estou destinada a... (*Então ela muda de ideia, um silencioso "foda-se" e ela toma um gole*) Por que você suporta isso?

JPW     Você não está me ouvindo.

CENA OITO

MONA   Quando a vida é...

JPW   (*riso festivo*) Recuperação! Isso não é interessante?
Incomodar a todos eles!

MONA   Quando a vida é curta. E eu *estou* aqui. Bem... (*Prestes a
modificar o que acabou de dizer, muda de ideia*) Alguma
vadia que você quer ferrar, é? Eu faria isso por você
em uma cadeira de rodas, na porra da lua. O jeito que
alguns de vocês ficam se lastimando. Eu sei que você
acha que eu sou vulgar.

JPW   } Não. Eu acho que você é...
MONA   } Bem, eu não sou... Oh, foda-se, talvez eu seja! Mas
toda nossa família é! Irmãos, irmãs, mamãe,
papai... todos os dez!... Você deveria nos escutar
todos juntos!... Somos todos vulgares!

JPW   Do que você está falando?

MONA   Eu estou falando sobre... Toda essa energia em volta!
Por que as pessoas se lastimam? Toda essa energia no
mundo, para ser apreciada, para eliminar a dor, para
ofertar às crianças.

JPW   O que há de errado?

MONA   (*ela toma outro longo gole de vodca*) E vê-las crescer.

JPW   Você não está ouvindo.

O CONCERTO DE GIGLI

MONA ... Eu estou te ouvindo. (*Os olhos no aparelho*) Você sabe o que ele (*Gigli*) está dizendo? Um bebê. É disso que se trata.

JPW A esposa do fazendeiro! (*Ele está olhando para ela, percebendo seu potencial*) E bastante dinheiro fácil pra se fazer com a agricultura. Eu poderia ser um fazendeiro. (MONA *ri*) Bem, é possível.

MONA Isso foi o que você me disse no supermercado, qualquer coisa é possível.

JPW Nós formamos um time muito bom, Mona.

MONA Tarde demais.

JPW Hummm?

MONA De todo modo, você não conseguiria comprar uma fazenda agora. Por que não investiu seu dinheiro?

JPW Sim, bem, mas... Estou feliz que você esteja aqui.

MONA Eu sei. Eu sinto isso pela primeira vez.

JPW Sente? (*"Isso não é interessante?"*) Por que você está olhando pro seu relógio?

MONA Eu não estava... Eu recebi uma carta da minha irmã mais nova hoje, quer ouvir?

CENA OITO

JPW　Sim. Incomodar todos eles. (*Ele desliga o aparelho*) E se ele voltar por conta disso (*O aparelho*), eu já vou ter penhorado isto, vou dizer a ele que foi roubado. (*Ele deita-se ao lado dela novamente.*)

MONA　Tem um trecho aqui. Este é o hospital onde ela trabalha e tem este jovem médico, e ele estava fazendo comentários sobre "os carocinhos" debaixo do uniforme da Caroline. Todas nós somos assim também, aqui em cima (*Seios pequenos*) As meninas, quero dizer. (*Lendo*) "... os carocinhos debaixo do meu uniforme e eu disse você não gostaria de um desses no seu cu como uma hemorroida, gostaria. Então ele ficou rindo." Eu disse pra você! Todos nós falamos assim. (*Repentinamente séria*) Mas você deveria ver a nossa Caroline. Ela é linda.

JPW　Como você.

MONA　"Papai fez um creme de ovos duas noites atrás e, veja bem, ficou muito bom. Ele fez novamente ontem à noite. Ficou como uma sopa, todo empelotado e ninguém conseguiu comer. Então nós demos para os cachorros. Todos os cachorros estavam de patas pro ar pela manhã." É bom receber uma carta quando você não está esperando. Jimmy, eu tenho câncer. Eu tenho ido a médicos com outro propósito, mas a vida é cheia de surpresas.

# O CONCERTO DE GIGLI

JPW     Câncer de mama? (*Imóvel* — *e continua assim durante as falas seguintes.*)

MONA    Tck, não! Você deve saber disso. O pâncreas. Eu queria me deitar ao seu lado por um tempo. Eu tenho adiado. Tenho que ir, em um minuto. Vou começar o tratamento esta noite. Meu marido... honestamente, aquele homem!... Começou a chorar, você acredita, quando eu contei pra ele. Um bab... desculpe-me... babaca ridículo. Oh, pelo amor de Deus, eu disse, Eu Ainda Não Estou Morta! (*À parte para ele*) Difícil matar uma coisa ruim. Você vai me enviar flores?

*JPW assente com a cabeça.*

MONA    (*levantando-se*) Se o pior acontecer, como dizem... (*Um movimento para impedir que ela se levante*) Eu tenho que ir Jimmy... Eu não tenho arrependimentos. (*Vestindo o casaco e as luvas durante as falas seguintes*) Bem, alguns. Eu tive uma menininha quando eu tinha dezesseis anos. Eles não tinham a intenção, mas agora eu sei que eles me pressionaram. Eles queriam o nome do pai. Eu não dei. Eles precisavam disso para que ela fosse adotada. Eu não dei. Mesmo assim, de algum modo, eles conseguiram que ela fosse adotada. As coisas não tinham corrido bem, complicações, e eu estava muito doente. Eu a vi somente duas vezes. Ela era tão pequenina. Ela está com vinte e dois anos agora. Em algum lugar. Eu tenho tentado repetir essa façanha desde então. Escolhi você. E se eu tivesse tido um filho com você, ou com qualquer um dos outros, eu não acho que eu teria te contado. Eu teria sido aquela que você não veria nem mais a poeira. Grávida ao entardecer. Preferencialmente de você. Os outros não eram tão delicados no modo como eles... me consideravam. Mas isso não foi possível. E talvez seja melhor assim agora. Então eu inventei uma afilhada recatada como algum tipo de — tesão? — nesse meio-tempo, para me fazer continuar. Mas Karen-Marie... É... Talvez seja melhor assim agora. Bem, meu amigo mágico, estou me esquecendo de alguma coisa? (*Uma ordem*) Molhe isto! (*O vaso de planta*). Até mais. (*Ele assente com a cabeça*) Adorado? (*Ele assente com a cabeça*) Eu te amo.

*Ela sai. Ele liga o toca-discos, no último volume — Elizabeth Rethberg[23]/Gigli/Pinza[24] cantando o trio "Tu sol quest anima" de Atilla. Ele agora está chorando, gritando para a porta.*

JPW    Eu amo! Eu te amo! Foda-se! Eu amo! Foda-se! Eu amo!... Eu amo! Foda-se... Foda-se! Eu amo...

*A voz de Gigli agora tomando o lugar da de Rethberg e JPW parece ter encontrado um propósito para o canto estridente. Ele lembra-se do frasco de Mandrax em seu*

---

[23] Elizabeth Rethberg (1894-1976) foi uma soprano alemã de renome internacional, que atuou ativamente desde o período da Primeira Guerra Mundial até o início da década de 1940.

[24] Enzio Pinza (1892-1957) foi um baixo italiano, com voz muito marcante, que fez mais de 750 apresentações nas 1950 óperas de que participou. Depois de se aposentar fez também diversas aparições em filmes de Hollywood.

O CONCERTO DE GIGLI

*bolso e toma dois, não gosta do sabor e os coloca para dentro com um gole de vodca. Uma repentina cólica estomacal, mas ele se recupera rapidamente.*

*A silhueta do* HOMEM IRLANDÊS *chegando.* JPW *não o escuta chegar.* HOMEM IRLANDÊS *entra — a entrada dele sincronizada com o solo do baixo no trio de* Atilla. *Ele está usando um smoking, fumando um charuto, e bebeu algumas doses. Ele está reticente quanto à atitude de* JPW, *se é para ser levada na brincadeira ou não. Ele trouxe uma garrafa de vodca de presente. As primeiras falas dele são ditas com a interferência da música.* JPW, *em uma posição meio contorcida, continua imóvel por algum tempo.*

HOMEM IRLANDÊS  Posso entrar? Eu tomei toda a bebida que você tinha na casa no outro dia. Eu estava um pouquinho tímido, hesitante sobre se deveria vir. Podemos beber um pequeno gole juntos? Devo abrir esta, ou... (*Ele pega a garrafa já aberta*) Quem guarda, sempre tem, e você vai ficar com uma pequena reserva pessoal. (*Ele coloca a bebida na mão de* JPW, *depois desliga a música*) Ah, a velha música! Os ciganos se mudaram. Oh, você se importa? (*O charuto*) Eles se mudaram, aqueles animais. Custou-me alguns trocados, mas... Ah, o meu lugar não era de modo algum um lugar apropriado para eles. Por favor, Deus, eles vão encontrar um local apropriado. Eles têm uma vida dura assim e não é por culpa deles. (*Ele senta-se*) Oh, você se importa? Só por um minuto. Mas eu estava fazendo minhas contas no carro indo para casa e me veio isso à cabeça. Supondo que minha vida dependesse disso, a quem eu recorreria? Eu passei pelas mães, irmãos, parentes. A esposa. Tudo se resume à esposa para nós todos no final. Então nós vamos sair esta noite, eu a deixei... (*No fim da rua*) com uns amigos por alguns minutos. Boa sorte, Deus abençoe, saúde! E eu não pude evitar de pensar... Hah-haa, você é esquisito!... Estranho como o trajeto por onde me conduziu, e foi você que me deu uma mão para chegar a essa conclusão.

JPW     É terça-feira?

HOMEM IRLANDÊS   Não. O quê?

JPW     Última sessão.

HOMEM IRLANDÊS   (*ri*) Ah!

JPW     Uma restituição?

HOMEM IRLANDÊS   (*ri*) Não!

JPW     Mas o trabalho não está terminado.

HOMEM IRLANDÊS   Eu estou bem... graças, em alguma medida, a você.

JPW     Mas isso pode ser feito. Cantar. O som a revestir nossa emoção e aspiração. E que conquista.

O CONCERTO DE GIGLI

HOMEM IRLANDÊS  Da próxima vez, aquela sobre a qual você me
advertiu.

JPW  Não, nós tentamos rindo, e chorando, e a filosofia.

HOMEM IRLANDÊS  Você é uma figura!

JPW  Eu resumi isso a duas opções. Você considerou cirurgia?

HOMEM IRLANDÊS  Uma operação, é isso?

JPW  (*riso — mas muito provavelmente desencadeado por uma
cólica estomacal*) Você esteve me levando a sério aí.
(*Oferece para completar a bebida dele.*)

HOMEM IRLANDÊS  Não... não... não! Eu não sei como te interpretar,
sr. King.

JPW  E Benimillo, safado, você já bebeu algumas doses.

HOMEM IRLANDÊS  E pela sua aparência, você já bebeu um pouco
mais da conta. Eu bebi uma gota de champanhe. Champanhe é leve, você sabe. Eu fui o seu primeiro cliente?

JPW  (*distraidamente; olhando para fora da janela ou da porta*)
Não. Houve outro. Está bem ruim lá fora, não está?

HOMEM IRLANDÊS  Oh, agora...

CENA OITO

JPW    Sempre retornando, despertando, deitando, mais infeliz.

HOMEM IRLANDÊS Você pode, com certeza, se surpreender e se encontrar perdido, longe demais do mundo... Você está parecendo muito pálido.

JPW    Então eu trago minha última opção para o jogo. Você considerou mágica?

HOMEM IRLANDÊS Sr. King...

JPW    Você vai me perguntar o que é mágica...

HOMEM IRLANDÊS Sr. King, sr. King!

JPW    Jimmy! Jimmy!

HOMEM IRLANDÊS Jimmy. Jimmy. Nós somos amigos, e eu sinto muito por te chatear hoje, e eu sinto muito que eu tenha que me apressar agora, mas eu vim porque fiquei me perguntando se haveria algum jeito com que eu pudesse retribuir todo o incômodo que você teve. Se haveria algum jeito qualquer?

JPW    Para mim é descanso me incomodar por causa de um amigo.

HOMEM IRLANDÊS É isso, esse é...

# O CONCERTO DE GIGLI

JPW     Provérbio persa.

HOMEM IRLANDÊS   Esse é o tipo de pessoa que você é, mas, realidade, encare os fatos. E eu não estou falando de cem ou de duzentos. Uns dois mil, para você se instalar. Você fez um grande trabalho.

JPW     Não, ainda não.

HOMEM IRLANDÊS   Eu poderia aumentar para três.

JPW     Eu não vou te segurar. Sei que você precisa se apressar... E não me conte: você está saindo de férias? Eu sabia. Essas pequenas cerimônias podem ser agradavelmente tranquilizadoras. Você se fez prisioneiro de si mesmo novamente, mas o pavor ainda se encontra no ninho, Benimillo.

HOMEM IRLANDÊS   (*preparando-se para sair*) Bem, eu sou muito grato a você.

JPW     Não, eu que sou grato a você. Eu também almejei me fazer prisioneiro de mim mesmo e me enraizar, mas você entrou por aquela porta com a audácia do desespero, doido com a ideia de querer alcançar grandes alturas, e eu era a mais deplorável das coisas sem vivacidade.

HOMEM IRLANDÊS   Bem...

CENA OITO

JPW    Deixe isso comigo, Benimillo.

HOMEM IRLANDÊS  E eu consegui o homem certo para o trabalho.

JPW    Oh, e o seu aparelho!

HOMEM IRLANDÊS  Não, você fica com isso.

JPW    (*logicamente*) Mas eu não vou precisar dele.

HOMEM IRLANDÊS  Já que você não vai querer nada mais. Não, um presentinho... Volte para casa, Jimmy. Esqueça isso... garota irlandesa. Você *é* um homem extraordinário. Eu sei que existe bondade no mundo, mas eles vão te matar aqui. (*Veladamente*) Volte para casa.

*Ele sai. JPW em ação. Ele tranca a porta, desliga o toca-discos, desconecta-o da tomada como uma dupla precaução (e comprovação). Ele olha para fora da janela por um instante, depois fecha a persiana. Ele vai até a escrivaninha, onde espalha geleia sobre uma fatia de pão, corta o pão em quadrados e decora cada quadrado com um comprimido de Mandrax. Durante as falas seguintes, uma luminosidade vermelha, como se emanasse da luminária para leitura com a cúpula vermelha, inunda a sala, e o facho de luz amarela vindo do banheiro torna-se mais intenso.*

JPW    Você vai me perguntar o que é mágica. Em poucas palavras, a reorganização e o redirecionamento das

# O CONCERTO DE GIGLI

órbitas e trajetórias dos rodopios dinamatológicos, ou seja, apenas mente nova sobre matéria antiga. Esta noite eu vou fazer mágica. Se um homem consegue dobrar uma colher com o olho atento e fixo, eu vou cantar como Gigli ou vou morrer. Lista de controle. Fatos demais no mundo. Dependência daquelas mentiras aprisionadas. Racionalizações reconhecidas... Sim, você brincou por tempo demais com o seu destino. Todos os álibis esgotados, desejo de conquista, a mente voltada para o objetivo. Carta na manga... (*Ele põe um quadrado de pão e geleia, com o comprimido em cima, dentro da boca e o engole com vodca*) E espero. (*Depois de um momento ele abre a boca como se fosse cantar. Um som/silêncio abortado. Outro pedaço de pão e geleia com o comprimido em cima...*) E espero, espero, espero... Até que o silêncio esteja prenhe com o tom urgente que vai nascer... A alma! Claro! A alma do cantor é o próprio subconsciente. Pensamento realista, desejo honesto de auxílio. (*Para o céu*) Melhor não. Você minimizou suas perdas nesta pequena utopia de cobiça e carnificina algum tempo atrás, meu amigo não muito inteligente. (*Para o chão*) Você, aí embaixo! Auxílio, por favor. Em troca... (*Outro quadrado de pão e geleia, com o comprimido, para dentro da boca e o engole com vodca. Vagamente — e como um eco à distância — introdução orquestral da ária "Tu che a Dio spiegasti l'ali". Sussurra*) O quê? Simmm! Obrigado. Mas só um instante. (*Gestos, tirando a música, toma outro comprimido e decide não prosseguir com a vodca*) Pare de tomar álcool, pureza

CENA OITO

da poção, contentamento na abstinência, cuidado com a aparência pessoal, diminuir os temores do futuro desconhecido, a resolução fixada na mente para possibilitar isso, aumento do controle para alcançar isso. (*Introdução orquestral começa novamente*) Abismo à vista! Todos os meus bens terrenos eu deixo para as freiras. Sallltee! Merrguuulhe! (*E um suspiro de alívio*) Aah! Renascimento de ideais, retorno da autoestima, futuro conhecido.

*No momento exato, ele canta a ária até o final e cai. (A voz de Gigli; a gravação que ele fez sem baixo e coro) JPW no chão. O relógio da igreja bate seis horas da manhã.*

JPW  Mamãe? Mamãe? Não me deixe nesta escuridão.

*Alguma resistência para se levantar. As luzes retornam ao normal. Ele abre a persiana. A luz do início da manhã entra pouco a pouco na sala. Ele parece lívido. Ele se pergunta se não está morto: um único grunhido ou arfada para verificar isso. Ele lembra-se do toca-discos: verifica para descobrir se está, de fato, desconectado da tomada: sorriso, riso de conquista. Ele coloca algumas coisas em uma velha bolsa de couro, e o que for do que sobrou da vodca em seu bolso. Ele está prestes a sair, tem uma ideia. Abre a janela, conecta o toca-discos, liga-o, pressiona o botão de repetir e "convida" a música para ir em direção à janela aberta, "O Paradiso", de Gigli.*

O CONCERTO DE GIGLI

JPW     Não se importe com o chiqueiro, Benimillo... A hu-
        manidade ainda possui um ouvido sensível... É isto...
        é isto... Cante para sempre...

*Ele destranca a porta e sai, sem muita firmeza nos pés.*

# CRONOLOGIA DA OBRA DE TOM MURPHY
(datas da primeira produção)

## PEÇAS

1961  *A Whistle in the Dark*

1962  *On the Outside*

1968  *Famine*

1968  *The Orphans*

1969  *A Crucial Week in the Life of a Grocer's Assistant*

1971  *The Morning after Optimism*

1972  *The White House*

1974  *On the Inside*

1975  *The Sanctuary Lamp*

1976  *The J. Arthur Maginnis Story*

1980  *The Blue Macushla*

1983  *The Gigli Concert*

1985  *Conversations on a Homecoming*

1985  *Bailegangaire*

1985  *A Thief of a Christmas*

1989  *Too Late for Logic*

1991  *The Patriot Game*

1998  *The Wake*

2000  *The House*

2005  *Alice Trilogy*

2014  *Brigit*

## ADAPTAÇÕES

1974   *The Vicar of Wakefield*
1979   *Epitaph under Ether*
1981   *The Informer*
1982   *She Stoops to Conquer*
1995   *She Stoops to Folly*
2003   *The Drunkard*
2004   *The Cherry Orchard*
2009   *The Last Days of a Reluctant Tyrant*

## PEÇAS PARA TELEVISÃO

1963   *The Fly Sham*
1963   *Veronica*
1967   *A Crucial Week in the Life of a Grocer's Assistant*
1968   *Snakes and Reptiles*
1970   *A Young Man in Trouble*
1987   *Brigit*

## ROMANCE

1994   *The Seduction of Morality*

# SOBRE A ORGANIZADORA

BEATRIZ KOPSCHITZ BASTOS é membro permanente do Programa de Pós-Graduação em Inglês da Universidade Federal de Santa Catarina. É mestre em Inglês pela Northwestern University (2000) e doutora em Estudos Linguísticos e Literários em Inglês pela Universidade de São Paulo (2003), com tese na área de teatro irlandês. Desenvolveu duas pesquisas de pós-doutorado na Universidade Federal de Santa Catarina, nas áreas de teatro (2006) e cinema irlandês (2015), com pesquisa complementar no Trinity College Dublin e no Irish Film Institute. Foi pesquisadora visitante no Moore Institute na National University of Ireland Galway (2017). É também produtora e diretora de literatura junto à Cia Ludens. Suas publicações, como coeditora e organizadora, incluem: *Ilha do Desterro 58: Contemporary Irish Theatre* (2010), com José Roberto O'Shea; a série bilíngue A Irlanda no cinema: roteiros e contextos críticos, com Lance Pettitt — *The Uncle Jack / O Tio Jack*, de John T. Davis (Humanitas, 2011), *The Woman Who Married Clark Gable / A mulher que se casou com Clark Gable*, de Thaddeus O'Sullivan (Humanitas, 2013), *The Road to God Knows Where / A Estrada para Deus sabe onde*, de Alan Gilsenan (EdUFSC, 2015) e *Maeve*, de Pat Murphy (EdUFSC, previsto para 2020); *Coleção Brian Friel* (Hedra, 2013) e *Coleção Tom Murphy* (Iluminuras, 2019); *Vidas irlandesas: O cinema de Alan Gilsenan em contexto* (Insular, 2019), com José Roberto O'Shea; *Ilha do Desterro 73.2: The Irish Theatrical Diaspora* (prevista para 2020), com Patrick Lonergan; e *Contemporary Irish Documentary Theatre* (Bloomsbury, 2020), com Shaun Richards. Foi curadora, com Domingos Nunez, dos quatro Ciclos de Leituras realizados pela Cia Ludens: *O teatro irlandês do século XX* (2004); "O teatro irlandês do século XXI: A geração pós-Beckett" (2006); "Bernard Shaw no século XXI" (2009) e "Cia Ludens e o teatro documentário irlandês" (2015).

# SOBRE O TRADUTOR

DOMINGOS NUNEZ é dramaturgo, tradutor, crítico e diretor artístico da Cia Ludens. É graduado em Letras pela Universidade Federal de Santa Catarina (1988), mestre em Dramaturgia Portuguesa pela Universidade de São Paulo (1999), doutor em Estudos Linguísticos e Literários em Inglês pela Universidade de São Paulo e pela National University of Ireland (2005), com tese na área de teatro irlandês, e possui um pós-doutorado em Escrita Criativa pela Unesp/São José do Rio Preto (2017). Entre seus artigos, peças, traduções de peças e roteiros publicados em revistas especializadas e livros, destacam-se: *Quatro peças curtas de Bernard Shaw* (Musa, 2009); *Coleção Brian Friel* (Hedra, 2013); *Coleção Tom Murphy* (Iluminuras, 2019); os roteiros dos filmes *The Uncle Jack* (Humanitas, 2011), *The Woman Who Married Clark Gable* (Humanitas, 2013) e *Maeve* (EdUFSC; previsto para 2020); e a peça-documentário de sua autoria *The Two Deaths of Roger Casement,* no livro *Contemporary Irish Documentary Theatre* (Bloomsbury, previsto para 2020). Para a Cia Ludens dirigiu *Dançando em Lúnassa* (2004/2013), de Brian Friel; *Pedras nos bolsos* (2006), de Marie Jones;

*Idiota no país dos absurdos* (2008), de Bernard Shaw; *O Fantástico reparador de feridas* (2009), de Brian Friel; *Balangangueri, o lugar onde ninguém mais ri* (2011), adaptação de textos de Tom Murphy; e, de sua autoria, *As duas mortes de Roger Casement* (2016). Foi curador, com Beatriz Kopschitz Bastos, coordenador e diretor das diversas peças que integraram os quatro Ciclos de Leituras realizados pela Cia Ludens. Em 2013 recebeu a indicação ao prêmio especial da APCA pelos dez anos dedicados ao teatro irlandês, e em 2014 a indicação ao Prêmio Jabuti pela tradução das quatro peças que compõem a *Coleção Brian Friel*.

Este livro foi publicado com o apoio de Literature Ireland

**CADASTRO**
# ILUMI//URAS

Para receber informações
sobre nossos lançamentos e
promoções envie e-mail para:

cadastro@iluminuras.com.br

Este livro foi composto em Scala pela *Iluminuras*,
e terminou de ser impresso em 2019 nas oficinas
da *Meta Gráfica*, em São Paulo, SP, em off-white
80 gramas.